HARRY RUNGE

Die Lehre von der Grenzproduktivität
in ihrer Bedeutung für die wirtschaftliche Theorie und Praxis

Die Lehre von der Grenzproduktivität in ihrer Bedeutung für die wirtschaftliche Theorie und Praxis

Von

Dr. Harry Runge

DUNCKER & HUMBLOT / BERLIN

Habilitationsschrift zur Erlangung der Lehrberechtigung (venia legendi) für das Gebiet der Nationalökonomie in der Fakultät für Natur- und Geisteswissenschaften an der Technischen Hochschule Stuttgart

Alle Rechte vorbehalten
© 1963 Duncker & Humblot, Berlin
Gedruckt 1963 bei Berliner Buchdruckerei Union GmbH., Berlin 61
Printed in Germany

Meinem verehrten Lehrer
Prof. Dr. Erik von Sivers
in Dankbarkeit gewidmet

Vorwort

Bei der Auseinandersetzung über die Aufteilung des Sozialproduktes auf die großen Gruppen der Einkommensempfänger, nämlich die Arbeiter, die Kapitalbesitzer und die Landeigentümer hat stets die Frage eine entscheidende Rolle gespielt, ob es ein Prinzip gibt, nach dem sich diese Verteilung vollzieht, und wenn es ein solches Prinzip gibt, ob dieses Prinzip die Verteilung nach Gesichtspunkten regelt, die vom nationalökonomischen Standpunkt aus befriedigen. Diese Fragestellung ist heute nicht weniger aktuell als zur Zeit der Klassiker oder zu irgendeinem anderen Zeitpunkt. Die Diskussion über die Aufteilung des Sozialproduktes ist gerade in unseren Tagen sowohl in der ökonomischen Theorie als auch besonders in der wirtschaftspolitischen Praxis stark in den Vordergrund des wirtschaftlichen Geschehens getreten, ausgelöst im besonderen durch die Argumentation der Gewerkschaften in den meisten Ländern der westlichen Hemisphäre, nach der die Arbeiterschaft zu wenig vom Sozialprodukt erhalte, und daß insbesondere die Arbeiterschaft bei der Aufteilung der Wachstumsrate des Sozialproduktes zu wenig berücksichtigt werde. Mit diesem Argument begründen die Gewerkschaften laufend neue Lohnforderungen. Die Unternehmer und Kapitalbesitzer hingegen erklären, daß die Lohnerhöhungen in den letzten Jahren größer seien, als sie dem Anteil der Arbeiter an der Zunahme der volkswirtschaftlichen Produktivität entsprächen. Die Suche nach einem „objektiven" Prinzip, das für die Verteilung des Sozialproduktes maßgebend sein sollte, erscheint deshalb durchaus begründet und dem Bedürfnis der Zeit entsprechend aktuell, und wenn es gelänge, ein solches Prinzip zu finden, dann wäre man auf diesem Gebiet ein gutes Stück weiter gekommen. Die Begründer und Vertreter der Lehre von der Grenzproduktivität glaubten, mit ihrer Theorie ein solches Prinzip gefunden zu haben.

Im allgemeinen darf man in der Theorie weitgehend Übereinstimmung darüber voraussetzen, daß sich in der Idealkonstruktion einer freien Verkehrswirtschaft die Verteilung des Sozialproduktes nach der Grenzproduktivität vollziehe. Allein, die Probleme sind damit nicht gelöst. Während noch die Vertreter des Harmoniegedankens in der Tatsache der Existenz einer Erscheinung als solcher zugleich ihre wirtschaftliche Rechtfertigung erblickten, ist man heutzutage in diesem Punkte kritischer. Es genügt nicht, daß man feststellt, daß in einer störungsfreien Wirtschaft die Verteilung des Sozialproduktes sich nach der Grenzproduktivität vollziehe. Nicht minder wichtig erscheint die Frage, ob diese Verteilung wirtschaftlich auch gerechtfertigt ist. Eine wirtschaftliche Rechtfertigung läge z. B. dann vor, wenn die Verteilungsgrundsätze mit dem Leistungsprinzip übereinstimmten. Zunächst könnte es so scheinen, als ob diesem Gesichtspunkt Rechnung getragen wird, denn jeder am Produkt beteiligte Faktor soll ja beim Prinzip der Grenzproduktivität nach seinem produktiven Beitrag entlohnt werden.

Allein hier ergibt sich wiederum eine neue Schwierigkeit, wenn man feststellen muß, daß durch Einflüsse, die außerhalb der Leistung des Produktionsfaktors liegen, der auf Grund der Grenzproduktivität ermittelte produktive Beitrag sich ändern kann. So wird z. B. beim Hinzukommen neuer Arbeiter ceteris paribus der Grenzertrag der Arbeit sich verringern, obwohl die Arbeiter genauso fleißig und geschickt arbeiten wie vorher.

Diese Erkenntnis drängt dazu, den Begriff der Produktivität innerhalb der Theorie der Grenzproduktivität einer eingehenden Prüfung zu unterziehen. Tut man das aber, so muß man bei näherer Überlegung zur Erkenntnis gelangen, daß sich offensichtlich Widersprüche aus dem Begriff der Produktivität selbst, so wie ihn die Lehre von der Grenzproduktivität auffaßt, ergeben. Es zeigt sich nämlich, daß unter dem Begriff Grenzproduktivität keine Produktivität im eigentlichen Sinne zu verstehen ist, und daß die auf Grund der Zurechnung ermittelte Grenzproduktivität etwas anderes ist als die im kausalen Sinne aufgefaßte Produktivität. Hier eine Lösung zu finden, die auch die Widersprüche entwirrt, die sich aus dem Problem der Zurechnung im Rahmen der Theorie der Grenzproduktivität ergeben, wird ein wichtiges Anliegen dieser Arbeit sein.

Bevor wir jedoch diesen Problemkomplex aufgreifen, werden wir noch vorher grundsätzlich klären müssen, welche Erscheinung überhaupt durch den Begriff Grenzproduktivität erfaßt wird. Der Begriff Grenzproduktivität wird nicht einheitlich verwendet. Einmal ist hiermit die Produktivität eines Betriebes gemeint, der unter dem Einfluß empirischer Zufälligkeiten am ungünstigsten arbeitet und infolgedessen als „Grenzbetrieb" bezeichnet wird. Auf der anderen Seite tritt uns die Grenzproduktivität gerade dann entgegen, wenn wir empirische Zufälligkeiten ausgeschaltet denken und eine Wirtschaft zugrunde legen mit ausgeglichener Rationalität der wirtschaftlichen Einsätze. Hier wird es notwendig sein, zunächst eine entsprechende Klarstellung herbeizuführen.

Neben den verschiedenen theoretischen Fragen, die sich mit dem System der Grenzproduktivität verbinden, sind auch die empirisch-statistischen Probleme zu beachten. Die Grenzproduktivität muß, wenn sie in der wirtschaftspolitischen Diskussion etwas bedeuten soll, auch statistisch erfaßbar und anwendbar sein. Gerade in diesem Punkt zeigen sich jedoch erhebliche Schwierigkeiten.

Alles in allem bietet der Begriff Grenzproduktivität eine Fülle von Problemen, und die Probleme, die vor dem Eingang der Lehre von der Grenzproduktivität in die ökonomische Wissenschaft für die Theorie der Einkommensverteilung sowie auch für die Produktionstheorie bestanden, sind durch das Erscheinen der Theorie der Grenzproduktivität nicht geringer geworden. Die nachstehende Arbeit soll einen Beitrag dazu leisten, eine Klärung in die verschiedenen, mit der Grenzproduktivität zusammenhängenden Probleme zu bringen.

Inhalt

I. Der Begriff der Grenzproduktivität 13
   1. Die Grenzproduktivität auf Grund empirischer Zufälligkeiten 15
   2. Die Grenzproduktivität auf Grund des Gesetzes vom abnehmenden Ertrag 19
   3. Die Keynes'sche Variante der Grenzproduktivität 24

II. Physisch-technische oder wertmäßige Grenzproduktivität? 31

III. Das Gesetz vom abnehmenden Ertrag 36
   1. Allgemeines 36
   2. Die Einfügung zusätzlicher Produktionsmittel in die bereits bestehenden Kombinationen der Produktionsfaktoren 43
   3. Die partikuläre und universale Gültigkeit des Gesetzes vom abnehmenden Ertrag 45
   4. Das Gesetz vom abnehmenden Ertrag als empirisches Gesetz 46
   5. Die dynamischen Voraussetzungen des Gesetzes vom abnehmenden Ertrag 46

IV. Der Grenzvertrag 48
   1. Die Abgrenzung des Ertragsbegriffes 48
   2. Die Frage des Ertragsoptimums 51

V. Kausalität oder Abhängigkeit? 55

VI. Die bestimmenden Faktoren für die Höhe der Grenzproduktivität 69

VII. Die Grenzproduktivität als Richtsatz für die Preise der Produktionsfaktoren 72

VIII. Abweichungen der Faktorpreise vom Wert der Grenzproduktivität und die dadurch ausgelösten Auswirkungen auf die Preise der übrigen Produktionsfaktoren 77

IX. Die Grenzproduktivität und die Preisbildung auf dem Markt 82

X. Der Einfluß von Änderungen im Stand der Technik auf die Grenzproduktivität 85
   1. Neutrale Erfindungen 85
   2. Erfindungen, die die mengenmäßige Relation der zusammenwirkenden Produktionsfaktoren verändern 85

3. Organisatorische Verbesserungen 89
4. Die Auswirkungen von technischen bzw. organisatorischen Verbesserungen auf den Preis der Güter 90

XI. Zunehmende Ertragserscheinungen 92
1. Bei Nochnichterreichung des Optimums 92
2. Zunehmender Ertrag bei bereitgestellter und nicht ausgenützter Faktorleistung 93
3. Massenproduktion 95

XII. Die Relation zwischen Arbeitsleistung und Sozialprodukt als Gradmesser der volkswirtschaftlichen Produktivität 98

XIII. Der Erkenntniswert der Theorie von der Grenzproduktivität 101

I. Der Begriff der Grenzproduktivität

Der Begriff der Grenzproduktivität schließt schon in bezug auf seine Bestimmung eine Reihe von Problemen ein, die ihn nicht ohne weiteres als eindeutig erscheinen lassen. Es ergibt sich daher die Notwendigkeit, ehe wir uns der eigentlichen Problematik des Gegenstandes zuwenden, eine genaue Abgrenzung dessen vorzunehmen, was in der Folge unter Grenzproduktivität verstanden werden soll.

Wenn wir zunächst den Begriff der Produktivität als die allgemeinere Erscheinung zu definieren suchen, so können wir feststellen, daß unter „Produktivität" schlechthin das Verhältnis zwischen Aufwand und Ertrag verstanden wird. Der Begriff „Produktivität" ist also eine Größe, die die Relation zweier anderer Größen enthält. Wächst der Ertrag im Verhältnis zum Aufwand, so verbessert sich die Produktivität, sinkt der Ertrag im Verhältnis zum Aufwand, so verschlechtert sich die Produktivität. Der Aufwand kann dabei in Erscheinung treten als die Einheit eines Produktionsfaktors oder als eine Kombination verschiedener Produktionsfaktoren.

Die Grenzproduktivität ist dort gegeben, wo in einer Reihe absteigender Produktivitäten der letzte und damit auch zugleich der mit der geringsten Produktivität ausgestattete Einsatz eines Produktionsfaktors erfolgt. Warum die absteigende Tendenz innerhalb der Produktivitätsreihe besteht, und warum der Grenzeinsatz der ungünstigste sein muß, wird noch im weiteren Verlauf unserer Untersuchung eingehend dargestellt werden.

Der Produktionszuwachs, der vom letzten Einsatz abhängt und durch die Grenzproduktivität bestimmt wird, ist der *Grenzertrag*. Wenn wir davon ausgehen, daß der Grenzertrag eines Produktionsfaktors dem Zuwachs des Gesamtertrages entspricht, der durch die Vermehrung eines Faktors hervorgerufen wird, wobei wir annehmen, daß dieser Faktor variabel ist, während die übrigen konstant bleiben, können wir den Grenzertrag durch folgende Gleichung definieren:

$$\text{Grenzertrag} = \frac{\text{Zuwachs an Gesamtertrag}}{\text{Zuwachs an Menge des variablen Faktors}}$$

Wenn wir den variablen Produktionsfaktor mit A bezeichnen, die Menge des variablen Faktors mit a und die Größe des Produktes mit P, dann bedeutet $\frac{\partial P}{\partial a}$ den Produktzuwachs, d. h. Grenzertrag, der von dem Einsatz der letzten Teilmenge des Faktors A abhängt.

I. Der Begriff der Grenzproduktivität

Ehe wir in die Untersuchung der allgemeinen Probleme, die mit der Grenzproduktivität zusammenhängen, eintreten, müssen wir zunächst eine begriffliche Klärung vornehmen. Wenn von der Grenzproduktivität die Rede ist, so können darunter zwei verschiedene Erscheinungen verstanden werden, denen auch verschiedene Ursachen zugrunde liegen. Auf der einen Seite tritt uns die Grenzproduktivität als eine, auf den Zufälligkeiten der empirischen Wirtschaft beruhende Erscheinung entgegen: Unter den vielen Einsätzen eines Produktionsfaktors in der Wirtschaft wird immer *einer* der ungünstigste im Sinne der Produktivität sein, solange ein völliger Ausgleich in der Produktivität sämtlicher Einsätze nicht erfolgt ist. Da zwar die Tendenz zu einem solchen Ausgleich besteht, dieser Ausgleich aber in der empirischen Wirtschaft nie völlig erreicht wird, ergibt sich hierdurch ein Spielraum für Differenzierungen, auf denen basierend dieser Begriff der Grenzproduktivität zustande kommt. Die Grenzproduktivität erscheint dabei durch den Ertrag der „zufällig" ungünstigste Verwendung eines oder mehrerer Produktionsfaktoren bestimmt.

Dem gegenüber erscheint auf der anderen Seite die Grenzproduktivität als eine, von empirischen Zufälligkeiten unabhängige Erscheinung, die auf dem Gesetz vom abnehmenden Ertrag basiert und als allgemein gültige Regel wirkt. Da beide Versionen in der Wirtschaft und in der wirtschaftlichen Literatur auftreten, scheint es angebracht, sie im einzelnen zu untersuchen. Vorher wollen wir jedoch noch einen kurzen historischen Rückblick werfen.

Die theoretischen Anfänge der Lehre von der Grenzproduktivität gehen auf v. Thünen zurück, der bereits in der ersten Hälfte des 19. Jahrhunderts in seinem Werk „Der isolierte Staat"[1] feststellte, daß sowohl die Lohnhöhe als auch die Höhe des Kapitalertrages abhängig sind von dem Ergebnis des letzten Teiles des zum Einsatz gelangenden Produktionsfaktors. So richtet sich nach Thünen die Höhe des Zinses nach der „Nutzung des zuletzt angelegten Kapitalteilchens".

Nach dem Anlauf, den von Thünen in der Richtung der Grenzproduktivität genommen hatte, trat die Idee von der Grenzproduktivität zunächst für längere Zeit in den Hintergrund. Erst mit dem Aufkommen der Grenznutzenlehre gewann die Theorie der Grenzproduktivität innerhalb der Nationalökonomie wieder an Bedeutung. Es ist dieses auch verständlich, wenn man berücksichtigt, daß zwischen Grenznutzen und Grenzproduktivität ein analoger Zusammenhang besteht. Die von der Grenznutzenlehre entwickelte Zurechnungstheorie findet Anwendung in der Lehre von der Grenzproduktivität. So wurde durch das Aufkom-

---

[1] *v. Thünen,* Der isolierte Staat in Beziehung auf Landwirtschaft und Nationalökonomie, Teil I Rostock 1826, Teil II Rostock 1843 und 1863, Teil III Rostock 1863.

I. Der Begriff der Grenzproduktivität

men der Grenznutzenlehre das Verständnis für das Grenzprinzip schlechthin von neuem geweckt, und die Vertreter der Grenznutzenlehre waren es vornehmlich, die der Grenzproduktivität zu ihrer Geltung in der Nationalökonomie verhalfen.

Hatten, wie Preiser feststellt, die klassische Theorie und die Klassenmonopoltheorie die Einkommensverteilung als „Phänomen der Preisbildung" auf dem Markt aufgefaßt, so nimmt die Grenzproduktivitätstheorie ihren Ausgangspunkt von der Produktion her[2].

1. Die Grenzproduktivität auf Grund empirischer Zufälligkeiten

Empirische Zufälligkeiten können Differenzierungen mannigfaltigster Art auslösen. Der Einsatz eines Produktionsfaktors und seine Mitwirkung am Produktionsprozeß können in einem Fall rationell, im anderen weniger rationell oder gar unrationell erfolgen. Es können z. B. bei der Durchführung eines Produktionsvorhabens Fehler unterlaufen, die die Produktivität herabmindern. Zieht man diese verschiedenen Möglichkeiten in Betracht, so ist es offenkundig, daß sich in der Produktivität der verschiedenen Produktionsvorkommen Unterschiede ergeben können.

Wir gehen bei dieser Überlegung von der wertmäßigen Produktivität aus, da wir einen Vergleich im Rahmen einer ganzen Volkswirtschaft im Auge haben. Ein physisch-technischer Vergleich würde zwar auch in bestimmten Fällen Ergebnisse erbringen, aber er bliebe nur auf den engen Rahmen gleichartiger Betriebe, beziehungsweise gleichartiger Produktionsvorgänge beschränkt und würde auch die marktmäßige Bewertung nicht einschließen[3].

Die unter den angenommenen Voraussetzungen auftretenden Unterschiede in der Produktivität können in Erscheinung treten sowohl im Hinblick auf das marktmäßige Geschehen als auch im Hinblick auf den innerbetrieblichen Ablauf. Es kann der Einsatz der Produktionsfaktoren an einer Stelle erfolgen, die vom marktmäßigen Standpunkt aus günstig oder ungünstig liegt, z. B. in einem Wirtschaftszweig, für dessen Erzeugnisse eine günstige Absatzlage gegeben ist oder aber in einem übersetzten Produktionszweig. Er kann aber auch, unabhängig von der marktmäßigen Situation, innerbetrieblich rationell oder unrationell erfolgen, je nach den technischen und organisatorischen Gegebenheiten oder sonstigen Umständen in jedem einzelnen Fall. Unterschiede in der Wirtschaftlichkeit des Einsatzes können Differen-

---

[2] Erich *Preiser*, Distribution, Artikel im Hdwb. der Sozialwissenschaften Bd. 2, S. 626, Stuttgart 1959.
[3] Vgl. hierzu das Kapitel „Physisch-technische oder wertmäßige Grenzproduktivität".

zierungen in der Produktivität der Leistungen der Produktionsfaktoren ergeben[4].

So werden Arbeitsstunden gleich hoher Qualität in den verschiedenen Produktionsstätten der Wirtschaft nicht immer Erträge von gleich hohem Wert erbringen. Allerdings werden die Differenzierungen nicht allzu groß sein, da hier die Tendenz zum Ausgleich besteht und der Einsatz der Arbeitskraft relativ elastisch gehandhabt werden kann. Wesentlich stärker treten die Differenzierungen beim langfristig festgelegten Kapital in Erscheinung. Die Investition des Kapitals in Anlagen, Maschinen, Schiffen, Wohnhäusern etc. erfolgt auf Jahrzehnte hinaus. Eine Anpassung an veränderte Situationen in der Wirtschaft kann deshalb nur sehr schwer und oftmals gar nicht erfolgen. Der Unternehmer kann in vielen Fällen aus seinen Investitionen nicht heraus, auch wenn sich die wirtschaftlichen Daten entscheidend zu seinen Ungunsten ändern. Wir können Differenzierungen in der Produktivität in der empirischen Wirtschaft bei allen Produktionsfaktoren beobachten, und nur in der Idealkonstruktion einer fehlerfreien Wirtschaft, werden diese Differenzierungen nicht auftreten. Auf Grund empirischer Zufälligkeiten ergibt sich eine Abstufung der Einsätze eines Produktionsfaktors nach ihrer Rationalität. Der ungünstigste Einsatz einer Faktoreinheit, der wirtschaftlich gerade noch zum Zuge kommt, erbringt hier den Grenzertrag.

Eine Besonderheit ist hierbei allerdings beim Grund und Boden gegeben. Zu den Differenzierungen auf Grund der Rationalität des Einsatzes treten noch die natürlichen Unterschiede in der Bodenqualität, die die Voraussetzungen für die Entstehung der Grundrente bilden. Die Differenzierungen auf Grund unterschiedlicher Rationalität beim Einsatz der Produktionsfaktoren bleiben jedoch hiervon unberührt. So kann auch der Grund und Boden vom Standpunkt der Zweckmäßigkeit aus gesehen in unterschiedlicher Weise genutzt werden. Die Nutzung kann im einen Falle wirtschaftlich, im anderen Falle weniger wirtschaftlich oder gar unwirtschaftlich erfolgen. So wäre es z. B. verkehrt, Zuckerrüben anzubauen, wenn auf Grund der gegebenen wirtschaftlichen Situation Kartoffel verlangt werden.

Die Differenzierungen in der Produktivität, die sich zwischen den einzelnen Einheiten der Produktionsfaktoren ergeben, treten in ihrer *Kom-*

---

[4] Diese Unterschiede im produktiven Nutzeffekt haben selbstverständlich nichts zu tun mit Unterschieden in der Höhe der Preise der einzelnen Einheiten der Produktionsfaktoren. Es können zwei gleich gut arbeitende Arbeiter ihre Arbeitsleistung verschieden gut verkaufen, und wenn wir nicht von der Idealkonstruktion eines vollständigen wirtschaftlichen Ausgleichs ausgehen, so wird es in der empirischen Wirtschaft auch in diesem Punkte Differenzierungen geben. Nur sind diese Differenzierungen anderer Art als die in unserem Abschnitt behandelten und berühren nicht die wirtschaftliche Produktivität der Leistung.

bination als Differenzierungen in der Produktivität der einzelnen Unternehmen in Erscheinung. Diese Unterschiede bedingen innerhalb der Reihe der Produzenten den Begriff des Grenzproduzenten, auf den wir noch besonders eingehen werden.

Alle diese unter unseren ersten Begriff der Grenzproduktivität fallenden Differenzierungen beruhen auf einer Dynamik der Wirtschaft und setzen voraus, daß ein Ausgleich in der Wirtschaft nicht stattgefunden hat. In der theoretischen Konstruktion einer ausgeglichenen statischen Wirtschaft haben diese Differenzierungen keinen Raum. Hier erscheint eine jede Einheit eines Produktionsfaktors so eingesetzt, daß Unterschiede im Ertrag nicht gegeben sind, denn solange Differenzierungen bestehen, ist ein völliger Ausgleich noch nicht erfolgt. In einer ausgeglichenen Wirtschaft kann es auch keinen Unternehmergewinn geben, da die Erträge der aufgewendeten Produktionsfaktoren in der ganzen Wirtschaft ausgeglichen sind und somit auch keine Differenzierungen in der Produktivität bei einer Kombination der Produktionsfaktoren, so wie sie uns in der Gestalt eines Unternehmens entgegentritt, möglich sind. In diesem Sinne erscheint auch der Unternehmergewinn als eine von den dynamischen Vorgängen abhängige Erscheinung, die es in einer statischen Wirtschaft nicht geben kann. „Die Wirtschaft ist stationär, und die Betrachtung geht auf den Gleichgewichtszustand. Damit scheidet der spezifische Unternehmergewinn, und zwar sowohl der „dynamische" Pioniergewinn Schumpeters als auch der bloß kinetische Marktlagengewinn, aus. Der Unternehmer unseres Modells ist entweder Kapitalist oder Manager oder beides; in der ersten Eigenschaft bezieht er den „ursprünglichen Kapitalzins", in der zweiten Lohn. Beidemal bleibt er ohne spezifisches Einkommen[5]."

Der einzige Produktionsfaktor, der auch in einer stationären Wirtschaft Differenzierungen aufweist, ist der Grund und Boden. Hier handelt es sich um Unterschiede im Ertrag, die auf feststehenden natürlichen Unterschieden beruhen und in der Wirtschaft nicht ausgeglichen werden können. Insofern nimmt der Grund und Boden unter den Produktionsfaktoren eine Sonderstellung ein.

Der Grenzproduzent. Eine besondere Erscheinung in der Wirtschaft, die wir im Rahmen der Grenzproduktivität miterfassen müssen, ist die des Grenzproduzenten. Auch er verdankt seine ökonomische Existenz dem Vorhandensein empirischer Zufälligkeiten, hervorgerufen dadurch, daß ein Ausgleich in der Produktivität der wirtschaftlichen Produktionseinsätze in der Wirklichkeit nicht erzielt wird. In der Reihe der mit unterschiedlicher Produktivität arbeitenden Produzenten ist der

---

[5] E. *Preiser,* Aufsatz: Erkenntniswert und Grenzen der Grenzproduktivitätstheorie, in: Bildung und Verteilung des Volkseinkommens. Göttingen 1957, S. 195 ff.

Grenzproduzent der letzte Produzent, der wirtschaftlich noch zum Zuge kommt.

Das entsprechende Gegenstück zum Grenzproduzenten ist der *Grenzbetrieb*. Man spricht vom Grenzbetrieb, sofern es sich um die Grenzproduktivität einer Kombination von Produktionsfaktoren handelt. Der Grenzbetrieb ist derjenige Betrieb, der nach den gegebenen Produktions- und Marktverhältnissen wirtschaftlich gerade noch bestehen kann. Das Vorhandensein des Grenzbetriebes schließt in der empirischen Wirtschaft nicht aus, daß es Betriebe gibt, die rentabilitätsmäßig unter dem Grenzbetrieb liegen und mit Verlust arbeiten. Auf die Dauer gesehen, werden diese Betriebe jedoch gezwungen sein, entweder ihre Rentabilität zu verbessern, oder sich aufzulösen. Es wird oft behauptet, daß der Grenzproduzent den Preis bestimme. Dieser Satz ist in dieser Form nicht richtig oder zum mindesten ungenau. Genau gesehen, bestimmt nicht der Grenzproduzent den Preis, sondern der Preis auf dem Markt bestimmt, wer noch als Produzent zum Zuge kommt und damit zugleich, wer Grenzproduzent ist. Ändert sich der Preis der Produkte auf dem Markt, so werden im Falle einer Preissenkung eine Reihe von Produzenten, die bisher preislich mitgekommen sind, nun nicht mehr wettbewerbsfähig sein und ausscheiden, und umgekehrt werden im Falle eines Ansteigens der Preise eine Reihe von Produzenten in den Bereich der wirtschaftlichen Rentabilität rücken, die nach den bisherigen Preisen nicht mitgekommen wären. Entsprechend wird sich in der Reihe der Produzenten die Stellung des Grenzproduzenten verschieben. Dem Grenzproduzenten fällt also bei der Preisbestimmung keine *kausale* Bedeutung zu, sondern nur eine *messende,* genauso wie der Pegel nicht die Höhe des Wasserstandes verursacht, sondern nur mißt.

Über die Stellung des Grenzproduzenten werden zwei Aussagen gemacht: a) der Selbstkostenpreis der vom Grenzproduzenten produzierten Güter ist gleich dem Marktpreis oder liegt fast am Marktpreis. b) Der Grenzproduzent arbeitet mit einem Gewinn, der gleich Null ist oder zwischen Null und dem Gewinn des nächst besser produzierenden Betriebes liegt. Die eine Aussage bezieht sich auf den Preis der produzierten und auf dem Markt angebotenen Güter, die zweite Aussage auf die Höhe des Unternehmergewinns. Im Falle des Grenzproduzenten ist der Unternehmergewinn gleich Null oder fast Null. Der Gewinn des Grenzproduzenten — sofern ein solcher vorhanden ist — stellt zugleich die untere Grenze des Unternehmergewinnes dar.

Der Grenzproduzent in der so dargestellten Form ist also eine Erscheinung, die auf der Dynamik der Wirtschaft beruht, d. h. auf der Tatsache, daß ein vollständiger Ausgleich der Kräfte nicht erfolgt ist. Wäre ein solcher Ausgleich, theoretisch gesehen, erfolgt, so gäbe es keine Unternehmer-Grenzproduktivität und damit auch keinen Unternehmergewinn. In diesem Sinne bemerkt Paulsen, daß es für die Theorie „Schwierigkeit" bereite, die „Funktion des Unternehmers" in das statische Modell der freien Verkehrswirtschaft einzubauen[6].

2. Die Grenzproduktivität auf Grund des Gesetzes vom abnehmenden Ertrag

Gegenüber dem im vorigen Abschnitt behandelten Begriff der Grenzproduktivität erscheint auf der anderen Seite die Grenzproduktivität als Folge des Gesetzes vom abnehmenden Ertrag, wobei dann die Grenzproduktivität dort gegeben ist, wo bei der Annahme der fortgesetzten einseitigen Vermehrung eines Produktionsfaktors auf der absteigenden Skala der Erträge der letzte Einsatz des Produktionsfaktors erfolgt. Diese Fassung der Grenzproduktivität entspricht der in der Wissenschaft üblicherweise dem Begriff der Grenzproduktivität zugrunde gelegten Auffassung. Auch wir werden sie im weiteren Verlauf unserer Untersuchung als maßgebend zugrunde legen. An diesen Begriff der Grenzproduktivität knüpfen sich eine Reihe für die ökonomische Wissenschaft wichtiger Konsequenzen.

Die Kurve des Grenzertrages wird üblicherweise so dargestellt, daß man sie zuerst ansteigen läßt, bis sie ihr Optimum erreicht hat. Dann läßt man die Kurve rechts vom Optimum fortlaufend abfallen, bis sie schließlich die Abszisse schneidet. (Vgl. nachstehende graphische Darstellung.)

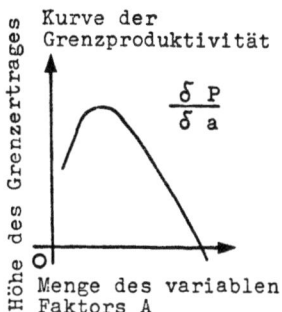

Die Einsätze des variablen Faktors werden auf der X-Achse aufgetragen. Die Höhe der Grenzerträge werden an der Y-Achse gemessen. (Der variable Faktor = A, die Menge des variablen Faktors = a, die

---

[6] „Die vollständige Rationalität des wirtschaftlichen Verhaltens macht die wirtschaftenden Menschen im Modell zu ebenso fungiblen und beweglichen, gegeneinander austauschbaren ‚Einheiten' wie alle übrigen Produktionsfaktoren auch. Daraus erklärt sich die Schwierigkeit der Theorie, die Funktion des *Unternehmers* in das Modell einzugliedern. Er hat keine andere als die Lösung jenes Rechenexempels, aus dem sich eindeutig und völlig gewiß das richtige Verhalten ergibt." *Paulsen,* Neue Wirtschaftslehre, Berlin u. Frankfurt 1950, S. 35.

Größe des Produktes = P.) Die genaue Form der Kurve ist dabei jedoch nicht bekannt. Wir wissen zunächst, daß sie von der Menge des konstanten Faktors abhängt und „Lage und Form" ändert, wenn die Menge dieses Faktors verändert wird[7]. Allein auch der jeweilige Produktzuwachs und damit letzten Endes die Form der Kurve selbst in jedem einzelnen Fall, auch wenn wir die Menge des konstanten Faktors als gegeben betrachten, läßt sich nicht mit mathematischer Genauigkeit feststellen. So bemerkt Wicksell, der am Beispiel der sukzessive erfolgenden Arbeitsleistung auf einem Landgut dieses Problem darstellt und untersucht, in diesem Zusammenhang: „Alles übrige beruht nun darauf, wie groß dieser Produktionszuschuß ist, mit anderen Worten: nach welchem Gesetz die Totalproduktion auf einem Gut von gegebener Größe variiert, wenn die Anzahl der Arbeiter und also die Arbeitsintensität der Landwirtschaft wächst oder abnimmt. Dieses Gesetz ist leider so gut wie gänzlich unbekannt, sein mathematischer Ausdruck ist in der Wirklichkeit sicherlich sehr verwickelt[8]."

Die Lehre von der Grenzproduktivität besagt, daß bei der Annahme eines wirtschaftlichen Gleichgewichtes der, vom Grenzertrag eines Produktionsfaktors abhängende Nutzen maßgebend ist für die Bewertung der Leistungen sämtlicher Einheiten dieses Produktionsfaktors. Da die Produktionsfaktoren nicht nur Kostenfaktoren sind, sondern vom Standpunkt der Eigentümer der Produktionsfaktoren als Quelle von Einkommen erscheinen, bedeutet diese Aussage, daß die Grenzproduktivität bestimmend ist sowohl für die Höhe des Preises der Faktoreinheiten in ihrer Eigenschaft als Kostenbestandteile als auch für die Höhe der hieraus resultierenden Einkommen. Eine Ausnahme hiervon bildet die Grundrente, die infolge tatsächlicher Differenzierungen in den Bodenqualitäten dem Gesetz des Ausgleichs nicht unterliegt.

Wenn auch die Grenzproduktivität dabei nicht unmittelbar maßgebend ist für die marktmäßige Bewertung der von den Produktionsfaktoren abhängigen Nutzungen, wie noch später gezeigt werden soll, sondern nur indirekt, so ist doch nicht zu verkennen, daß dort, wo ein freier Wettbewerb besteht und mehrere Bewerber nebeneinander im Konkurrenzkampf stehen, die Tendenz zur Angleichung der Preise für die Faktornutzungen an das Niveau des Grenzertrages gegeben ist.

Die Erklärung für die bestimmende Funktion des Grenzertrages bei der Festlegung der Höhe der Preise für die Faktornutzungen ergibt sich aus der Möglichkeit, die Faktoreinheiten untereinander auszuwechseln, denn solange Einheiten eines Produktionsfaktors an einer Stelle in der Wirtschaft höher bewertet und bezahlt werden als an ande-

---

[7] Vgl. hierzu *Allen*, Mathematik für Volks- und Betriebswirte, Berlin 1956, S. 324.
[8] *Wicksell*, Vorlesungen über Nationalökonomie, Jena 1913. S. 173.

I. Der Begriff der Grenzproduktivität

ren Stellen, wird das Bestreben dahin gehen, diese Faktoreinheiten durch billigere Einheiten auszuwechseln. Wenn z. B. in einer gegebenen Volkswirtschaft auf Grund der dort bestehenden Grenzproduktivität des Produktionsfaktors Arbeit der Wert der Arbeitsstunde eines Hilfsarbeiters mit 2,50 DM errechnet wird, werden diejenigen Unternehmer, die für die Arbeitsstunde mehr zahlen, infolge der Konkurrenz der billigeren Arbeitskräfte den Arbeitslohn entsprechend herabsetzen oder ihre Arbeitskräfte durch billigere ersetzen, und das so lange, bis der Ausgleich auf dem Stand der Grenzproduktivität erreicht wird.

Daß der Ausgleich nicht auf einem höheren Niveau, sondern auf dem Niveau der Grenzproduktivität zustande kommen muß, liegt darin, daß der Unternehmer dem Grenzarbeiter keinen Lohn zahlen kann, der höher ist als der Wert des von der Grenzleistung abhängigen Nutzens. Daß auf der anderen Seite der Ausgleich nicht auf einem niedrigeren Niveau zustande kommen wird als auf dem Niveau des Grenznutzens, liegt darin, daß die Unternehmer ein Interesse haben werden, so lange Arbeiter einzustellen, als die Lohnhöhe noch unter dem Niveau des Grenzertrages liegt, da sie an der Differenz profitieren. Sollten die Unternehmer nicht genügend Arbeitskräfte erhalten, werden sie durch gegenseitiges Überbieten der Löhne die Lohnsätze so lange hochtreiben, bis die Lohnsätze die Höhe des Grenzertrages erreicht haben.

Eine Ausnahme bildet, wie bereits erwähnt, der Grund und Boden, der infolge Differenzierungen in der natürlichen Qualität einen Ausgleich und eine Austauschbarkeit nicht zuläßt, und so die Ursache für das Zustandekommen der Grundrente bildet. Hier zeigt sich deutlich der Unterschied zwischen der Grundrente und dem Unternehmergewinn. Der Unternehmergewinn muß in einer ausgeglichenen Wirtschaft in Fortfall geraten, während die Grundrente bestehen bleibt. Dasselbe, was für die Grundrente gilt, gilt auch für alle standortbedingten Differenzierungen.

Es ist in der Literatur der Einwand erhoben worden, daß die Einheiten eines Produktionsfaktors vielfach starke individuelle Unterschiede aufweisen und daher miteinander nicht vergleichbar und nicht untereinander auswechselbar sind. So macht insbesondere Machlup[9] diesen Einwand geltend und hebt dabei als differenzierende Momente noch besonders Unterschiede in bezug auf die Intensität der Arbeitsleistung, die berufliche Schulung, die Geschicklichkeit etc. hervor. Zweifellos sind hier individuelle Unterschiede gegeben und eine Ersetzbarkeit der Arbeitsleistung wird in vielen Fällen nicht reibungslos vonstatten gehen. Allein, wir sollten diese Differenzierungen im Zusammenhang mit unserer Problematik nicht überschätzen.

---
[9] *Machlup*, On the Meaning of the Marginal Product, erschienen in: Readings in the Theory of Income Distribution, London 1950, S. 160 ff.

Wollte man diese individuellen Abweichungen so stark betonen, so dürfte man in vielen Fällen von einheitlichen Vorgängen in der Volkswirtschaft nicht sprechen, da gewöhnlich Differenzierungen sowohl bei den handelnden Personen als auch in der Art der Handlungen selbst festzustellen sind. Auch die Statistik dürfte keine Aussagen machen, da vielfach eine völlige Homogenität der statistischen Maße in sachlicher Hinsicht nicht gegeben ist.

Die Schwierigkeiten, die Machlup sieht, sind übrigens gar nicht so groß, wie sie im ersten Augenblick scheinen könnten. Es sind bereits heute in vielen Ländern sehr ernste Bestrebungen in der Wirtschaft im Gange, die Arbeitsleistung auf eine Normalarbeitsleistung zurückzuführen und Abweichungen von dieser Normalleistung zu- oder abzuschlagen. Der Begriff der Normalleistung spielt dabei insbesondere bei der sich in zunehmendem Maße durchsetzenden Refapraxis und ähnlichen Systemen, die bei der Bewertung und Entlohnung eines Arbeitsvorganges von der Normalleistung ausgehen, eine wichtige Rolle. Die Methoden der Arbeitsbewertung werden z. Z. in den USA, Deutschland und einer Reihe anderer Länder immer weiter entwickelt und gewinnen immer stärker an Boden.

Neben der bestimmenden Funktion, die die Grenzproduktivität auf die Höhe des *Preises* der Faktoreinheit ausübt, erhebt sich in diesem Zusammenhang eine weitere Frage. Es gilt zu klären, ob die Grenzproduktivität auch bestimmend ist für die *Produktivität* sämtlicher Einsätze eines Produktionsfaktors, so daß alle Einheiten eines Produktionsfaktors in einer gegebenen Volkswirtschaft die gleiche Produktivität erbringen, mit anderen Worten: Es ist die Frage zu entscheiden, ob sich der Ausgleich nur auf den Preis der Produktionsfaktoren bezieht, oder auch auf die Produktivität selbst.

Zunächst einmal wollen wir Unterschiede in der Rationalität der Einsätze ausschließen, da wir von der Annahme ausgehen, daß die Tendenz zum Ausgleich wirtschaftlicher Zufälligkeiten besteht, so daß in der Idealkonstruktion einer ausgeglichenen Wirtschaft aus diesem Grunde keine Differenzierungen bestehen. Wenn wir Differenzierungen im erwähnten Sinne ausschließen, bleibt die entscheidende Frage, ob der Grenzproduktivität eine bestimmende Funktion bei der Bemessung der Produktivität der übrigen bereits eingesetzten Einheiten eines Produktionsfaktors zuzuschreiben ist.

Wenn wir davon ausgehen, daß sich die Grenzproduktivität eines Faktors mit der mengenmäßigen Relation der Produktionsfaktoren ändert, so ergibt sich zwangsläufig im Zuge der Entwicklung eine verschieden hohe Grenzproduktivität, abhängig von der Entwicklung der Relation der Produktionsfaktoren. Es fragt sich nun, ob für die Faktoren-Einsätze, die zu einem früheren Zeitpunkt mit *anderen* Grenzproduktivitäten erfolgten, die Produktivität des letzten Einsatzes, d.h. des Grenzeinsatzes, maßgebend ist, so daß sich die Produktivität dieser Einsätze nach der Grenzproduktivität richtet. Das würde also bedeuten, daß im Falle einer Veränderung der mengenmäßigen Relation der Produktionsfaktoren die hieraus neu resultierende Grenzproduktivität dank ihrer bestimmenden Funktion eine entsprechende Veränderung in der Beurteilung der Produktivität sämtlicher bereits in der Wirtschaft bestehenden Einheiten eines Faktors herbeiführen würde. Diese Frage möchten wir schon an dieser Stelle bejahen. Eine genaue Begründung für unseren Standpunkt werden wir in dem Kapitel „Kausalität oder Abhängigkeit" erbringen.

Zusammenfassend können wir somit feststellen, daß die Grenzproduktivität bestimmend ist erstens für die Höhe der Kosten der Nutzungen der Produktionsfaktoren (Kapitalzins, Arbeitslohn), zweitens für die Höhe der auf der Faktoreinheit basierenden Einkommen, wobei über diese beiden Punkte in der Nationalökonomie Einmütigkeit besteht[10], und drittens für die Höhe der zugerechneten Produktivität selbst, was noch zu beweisen wäre.

Wenn wir rückblickend die beiden Versionen der Grenzproduktivität, nämlich einmal die Grenzproduktivität auf Grund wirtschaftlicher Zufälligkeiten und dann die Grenzproduktivität auf Grund des Gesetzes vom abnehmenden Ertrag miteinander vergleichen, so ergibt sich ein wesentlicher Unterschied in ihrer Beziehung zur Zeit. Im ersten Fall gibt es verschiedene Produktivitäten, die *zeitlich nebeneinander* gelagert sind, von denen die niedrigste Produktivität die Grenzproduktivität ist. In der empirischen Wirtschaft werden wir zu jedem Zeitpunkt bei den verschiedenen Unternehmen bzw. Betrieben infolge wirtschaftlicher Zufälligkeiten verschieden günstige Verhältnisse von Aufwand und Ertrag antreffen. Die Unternehmen als Kombinationen von Produktionsmitteln oder die einzelnen Faktoreinheiten selbst werden an den verschiedenen Stellen ihres Einsatzes in der Wirtschaft eine verschieden hohe Produktivität aufweisen. Diese Differenzierungen in der Produktivität treten zur gleichen Zeit auf und sind somit zeitlich nebeneinander gelagert. Wenn man die einzelnen Faktoreinheiten nach ihrem wirtschaftlichen Erfolg aneinander reiht, entsteht die Grenzproduktivität dort, wo der letzte Einsatz erfolgt, der wirtschaftlich noch vertretbar erscheint. Entsprechendes gilt von dem Grenzbetrieb, der in der absteigenden Reihe der nach ihrer Produktivität gelagerten Betriebe an der unteren Grenze liegt.

---

[10] Vgl. in diesem Zusammenhang auch Landauer: „Jede der Haupteinkommensarten ist also ihrer Größe nach durch das gleiche Prinzip bestimmt: durch die Bedeutung des Nutzens, der von der letzten Einheit des zugrunde liegenden Produktionsfaktors abhängt." C. *Landauer*, Theorie der Verteilung in: Wirtschaftstheorie der Gegenwart, Wien 1928, S. 17.

Im zweiten Falle, im Falle der Grenzproduktivität auf Grund des Gesetzes vom abnehmenden Ertrag, sind die Grenzproduktivitäten *zeitlich nacheinander* gelagert, denn zur gleichen Zeit kann es bei der Annahme einer ausgeglichenen Wirtschaft jeweils nur *eine* Höhe der Produktivität geben, nämlich die der Grenzproduktivität. Wir setzen dabei die bestimmende Funktion der Grenzproduktivität für die Höhe der Produktivität sämtlicher Faktoreinheiten voraus. In der zeitlichen Entwicklung der Grenzproduktivität eines Faktors selbst wird es hingegen auf Grund der Veränderung der mengenmäßigen Relationen der Produktionsfaktoren unterschiedliche Grenzproduktivitäten geben. Nehmen wir z. B. den für das Gesetz vom abnehmenden Ertrag klassischen Fall an, daß ein Faktor laufend einseitig in einer Volkswirtschaft vermehrt wird. Das bedeutet für seine Grenzproduktivität, daß diese mit jeder weiteren Vermehrung abnehmen wird. Es werden also verschiedene Grenzproduktivitäten mit der sukzessiven Vermehrung des Faktors in Erscheinung treten. Da die Veränderung der mengenmäßigen Relation der Produktionsfaktoren ein Vorgang ist, der auf jeden Fall *Zeit erfordert, können die hieraus resultierenden unterschiedlichen Grenzproduktivitäten immer nur zeitlich nacheinander in Erscheinung treten.*

3. Die Keynes'sche Variante der Grenzproduktivität

In Abweichung von der herkömmlichen Definition der Grenzproduktivität führt Keynes einen anderen Begriff der Grenzproduktivität in die Nationalökonomie ein, dessen wesentliches Merkmal darin besteht, daß er nicht auf dem effektiven Verhältnis von Aufwand und Ertrag beruht, sondern das spekulative Moment der Erwartung mit enthält. Keynes geht davon aus, daß ein Wirtschaftssubjekt, das über ein bestimmtes Kapital verfügt und vor dem Entschluß steht, dieses Kapital zu investieren, geneigt sein wird, die Produktivität dieses Kapitals nach der Höhe der Erträge zu beurteilen, die es von der Investierung dieses Kapitals *erwartet*. Es sind also die in der Zukunft liegenden Erträge für die Beurteilung des vor dem Einsatz stehenden Kapitals maßgebend, und da diese Erträge in der Gegenwart nicht bekannt sind, sind es die *erwarteten* Erträge. Diese Auffassung knüpft an die von einer Reihe schwedischer Nationalökonomen vertretene Unterscheidung an, nach der die Vorgänge in der Nationalökonomie (Sparen, Investieren, Einkommen etc.) ex ante und ex post zu sehen sind[11].

---

[11] Die schwedischen Autoren die den Begriff ex ante und ex post vertreten, sind vornehmlich: Gunnar *Myrdal*, Der Gleichgewichtsbegriff als Instrument der geldtheoretischen Analyse, in: Beiträge zur Geldtheorie, hrsg. von Hayek, 1933. Erik *Lindahl*, Studies in the Theory of Money and Capital, London 1939. Erik *Lundberg*, Studies in the Theory of Economic Expansion, London 1937. Bertil *Ohlin*, Some Notes on the Stockholm Theory of Savings

I. Der Begriff der Grenzproduktivität

Die tatsächlich erfolgten Vorgänge werden dabei als Vorgänge ex post betrachtet und die noch *vor* einem Wirtschaftssubjekt liegenden Vorgänge als Vorgänge ex ante. Dem ex-ante-Begriff liegt die Erwartung zugrunde, die ein Wirtschaftssubjekt zu irgendeinem gegebenen Zeitpunkt in bezug auf Vorgänge, die in der Zukunft liegen, hegt. Über das Verhältnis der nach der Gegenwart und nach der Zukunft orientierten Auffassungen im Hinblick auf die Grenzproduktivität des Kapitals äußert sich Keynes sehr drastisch in folgender Weise: „The reader should note that the marginal efficiency of capital is here defined in terms of the expectation of yield and of the current supply price of the capital-asset. It depends on the rate of return expected to be obtainable on money if it were invested in a newly produced asset; not on the historical result of what an investment has yielded on its original cost if we look back on its record after its life is over[12]."

In seiner Untersuchung über die Grenzproduktivität beschränkt sich Keynes auf den Produktionsfaktor Kapital. Er übernimmt dabei nicht den in der Nationalökonomie eingebürgerten Ausdruck „Grenzproduktivität", sondern spricht von der „Grenzleistungsfähigkeit". Im englischen Originaltext verwendet er dabei den Ausdruck „marginal efficiency" statt des sonst in der angelsächsischen Literatur für den Begriff der Grenzproduktivität üblichen Ausdrucks „marginal productivity". Die Grenzleistungsfähigkeit erscheint dabei als das Verhältnis zwischen dem voraussichtlichen Erträgnis einer weiteren Einheit Kapital und deren Erzeugungskosten. Keynes definiert den Begriff der Grenzleistungsfähigkeit in folgender Weise: „The relation between the prospective yield of a capital-asset and its supply price or replacement cost i.e. the relation between the prospective yield of one more unit of that type of capital and the cost of producing that unit, furnishes us with the *marginal efficiency of the capital* of that type. More precisely, I define the marginal efficiency of capital as being equal to that rate of discount which would make the present value of the series of annuities given by the returns expected from the capital-asset during its life just equal to its supply price[13]."

Gleichzeitig mit der Definition der Grenzleistungsfähigkeit des Kapitals verbindet Keynes eine Kritik des herkömmlichen Begriffes der Grenzproduktivität. Drei Dinge wirft dabei Keynes der nationalökonomischen Wissenschaft vor, die nach seinen Worten „mindestens drei Unklarheiten" darstellen[14]:

---

and Investment, Economic Journal, Bd. 47, 1937, S. 53 ff. und 221 ff. u. Ohlin, Alternative Theories of the Rate of Interest, Economic Journal Bd. 47, 1937.
[12] *Keynes*, The General Theory of Employment, Interest and Money, London 1951, S. 136.
[13] *Keynes*, a. a. O., S. 135.
[14] *Keynes*, a. a. O., S. 138.

I. Der Begriff der Grenzproduktivität

1. Es bestehe keine Klarheit darüber, ob es sich bei der Grenzproduktivität um physische oder wertmäßige Erträge handle. Mit diesem Einwand hat Keynes nicht ganz Unrecht. Da wir uns in unserem folgenden Kapitel „Physisch-technische oder wertmäßige Grenzproduktivität" mit diesem Problem noch eingehend befassen werden, sei es uns gestattet, uns an dieser Stelle auf einen entsprechenden Hinweis zu beschränken.

2. Es erhebt sich weiter die Frage, ob die Grenzleistungsfähigkeit des Kapitals irgendeine absolute Menge oder ein Verhältnis ist. Es dürfte wohl in der Nationalökonomie darüber Übereinstimmung bestehen, daß es sich bei der Grenzproduktivität um das Verhältnis zwischen Grenzertrag und Grenzaufwand handelt, wobei unter Grenzertrag der Zuwachs des Gesamtertrages zu verstehen ist, der von dem zusätzlichen Einsatz einer Produktivmittelmenge des variablen Faktors abhängig ist. Es ergibt sich hieraus, daß der zahlenmäßige Ausdruck für die Grenzproduktivität eine Verhältniszahl sein muß[15].

3. Keynes Hauptargument bezieht sich auf die nach seiner Meinung vernachlässigte Unterscheidung zwischen dem Ertrag, der in der Gegenwart liegt, und dem Ertrag, der in der Zukunft erwartet wird, also in der Vernachlässigung des bereits eingangs erwähnten Moments der Erwartung. Dieses ist die grundsätzliche Abweichung des Keynesschen Begriffes der Grenzleistungsfähigkeit des Kapitals vom üblichen Begriff der Grenzproduktivität und auch sein Hauptargument gegen die herkömmliche Theorie der Grenzproduktivität. Es erscheint deshalb notwendig, diesem Punkt eine besondere Aufmerksamkeit zuzuwenden.

Keynes hat zweifellos recht, wenn er von der Frage ausgeht, welche Beurteilung ein Mann der Produktivität seines Kapitals zukommen läßt, das er in der Hand hat und das er beabsichtigt, zu investieren. In diesem Falle wird die Beurteilung der Ertragsaussicht in der Zukunft eine maßgebende Rolle spielen und weitgehend die Bereitschaft zur Investition bestimmen. Demgegenüber geht jedoch die Nationalökonomie bei der herkömmlichen Fassung des Begriffes der Grenzproduktivität von einer ganz anderen Fragestellung aus. Für sie ist die Frage maßgebend, welches Ergebnis von dem Einsatz des Grenzaufwandes *effektiv* abhängig ist und welche Gesetzmäßigkeiten sich hieraus ableiten; also nicht das vermutete, sondern das tatsächliche Ergebnis ist Gegenstand der Untersuchung. Es ist richtig, daß die Resultate, die sich hierbei ergeben, erst hinterher, d. h., um mit den Schweden zu sprechen, ex post erfaßt werden können, aber das ist ja immer dann der Fall, wenn effektive Vorgänge der Untersuchung zugrunde gelegt

---

[15] Vgl. hierzu auch *Carell*, Allgemeine Volkswirtschaftslehre, Heidelberg 1954.

I. Der Begriff der Grenzproduktivität

werden. Daß es sich in diesem Falle um die Feststellung effektiver und nicht vermuteter Relationen handelt, steht im allgemeinen für die Vertreter der Grenzproduktivitätstheorie außer Frage. Mit anderen Worten: Die Fragestellung ist beim Problem der Grenzproduktivität auf die effektive Leistung ausgerichtet und nicht auf das mögliche Ergebnis spekulativer Erwartung, das so erscheinen kann, wie es vermutet wird, aber auch ganz anders in Erscheinung treten kann. Der Vorwurf von Keynes, der darauf abzielt, daß die Nationalökonomie gewissermaßen das Objekt ihrer Untersuchung verfehlt habe, ist deshalb nicht berechtigt. Sehr treffend bemerkt Forstmann in einer Auseinandersetzung mit den Grundlagen der Keynesschen Theorie, daß Keynes sich von der herkömmlichen Theorie in seinen *Zielsetzungen* unterscheide und daß es daher nicht angängig sei, zu behaupten, daß die eine Theorie richtig, die andere falsch sei[16]).

Darüber hinaus verbleibt noch die Frage zu prüfen, ob der Einbau des Moments der Erwartung selbst für den Erkenntniswert einer dynamischen Theorie von Nutzen ist. Die Meinungen in der Nationalökonomie sind in diesem Punkt skeptisch. So sagt Forstmann: „Es erhebt sich nun die Frage, ob eine statische Theorie schon durch den Einbau von Antizipationen zu einer solchen dynamischen Natur wird. Diese Frage muß an sich, also allgemein gesehen, verneint werden; eine Tatsache, die sich schon aus dem Begriff der dynamischen Theorie ergibt. Insbesondere dann geht eine statische Theorie durch Einbau von Antizipationen nicht in eine solche dynamischer Art über, wenn keine Aussagen darüber gemacht werden können, in welcher Weise sich die Erwartungen hinsichtlich des zukünftigen wirtschaftlichen Zustandes ergeben[17]." In ähnlicher Weise äußert sich Haberler, der den Erkenntniswert einer solchen theoretischen Konstruktion, wie sie Keynes vornimmt, nur sehr bedingt gelten läßt: „Es ist nun in einem gewissen Sinne wahr, daß die ausdrückliche Einführung von Erwartungen dahin tendiert, eine Theorie wirklich dynamisch zu machen, in dem Sinne nämlich, daß die Einführung von Erwartungen in den Kausalnexus im wesentlichen eine unvollständige Idee ist, die, um überhaupt nützlich zu werden, einer Ergänzung bedarf, welche die Theorie dynamisch

---

[16] „Unsere Betrachtung über die hier tatsächlich bestehenden Zusammenhänge und Bedingtheiten werden zeigen, daß Keynes offenbar den wirklichen Sinn der ‚klassischen' Theorie verkennt, der nicht in der Erklärung der Vorgänge des wirtschaftlichen Ablaufes, sondern darin zu sehen ist, daß sie die der wirtschaftl. Entwicklung als solcher immanenten ‚natürlichen Gleichgewichtstendenzen' erklären will. Der Unterschied zwischen beiden Lehren liegt also nicht darin, daß die ‚Klassische' Lehre unrichtig, die ‚Allgemeine Theorie' hingegen richtig sei, sondern der Unterschied zwischen den beiden Auffassungen besteht vielmehr in der Verschiedenheit der Zielsetzungen. Es handelt sich daher auch hier um einen Vergleich inkommensurabler Größen." A. *Forstmann*, Neue Wirtschaftslehren, Berlin 1953, S. 23.
[17] *Forstmann*, a. a. O., S. 65/66.

macht: Wenn wir uns darauf beschränken, zu sagen, daß es nicht die tatsächlich (laufenden) Preise, Kosten, Gewinne usw. sind, sondern die erwarteten Kosten, Preise, Gewinne, welche den Unternehmer veranlassen zu produzieren und zu investieren, dann sagen wir nicht sehr viel, es sei denn, wir deuten auch an, wodurch diese Erwartungen bestimmt werden. Eine Theorie, welche die Erwartungen in jedem Zeitpunkt als gegeben annimmt und nichts darüber sagt, wie sie aus der vergangenen Erfahrung herauswachsen, hat sehr wenig Wert, denn eine derartige Theorie wäre immer noch statisch, und es ist beinahe unmöglich, die Erwartungen an sich zu bestimmen[18]."

Zusammenfassend läßt sich deshalb zu diesem Punkt sagen, daß die herkömmliche Theorie bei ihrer Untersuchung des Begriffes Grenzproduktivität etwas ganz anderes untersuchen wollte, als Keynes sich mit seinem Begriff der Grenzproduktivität zum Ziel seiner Untersuchung gemacht hat, und daß darüber hinaus der Keynessche Begriff der „Erwartung" sehr problematisch ist, sofern nicht gesagt wird, wodurch diese Erwartungen bestimmt werden. Will man aber die Bestimmung der Erwartung selbst untersuchen, so wird man nicht umhin können, auf die Kenntnis der effektiven Vorgänge zurückzugreifen.

In der Aussage von Keynes über den Begriff der Grenzproduktivität war noch ein Punkt enthalten, der eine nähere Untersuchung verdient. Keynes hatte darauf hingewiesen, daß bei der Beurteilung der Grenzleistungsfähigkeit des Kapitals der *diskontierte* Wert der Erträge zugrunde gelegt werden müsse. Dieser Hinweis sowie die dazugehörigen Formulierungen im Text geben zu einigen Fragen Anlaß. Dabei scheinen auch verschiedene Auslegungen des Keynesschen Begriffes der Diskontierung eine Rolle zu spielen. Zunächst ist es nicht klar, was Keynes bei seiner Bestimmung der Grenzleistungsfähigkeit des Kapitals unter „Ertrag" versteht. Er spricht vom erwarteten Ertrag (return) oder von den erwarteten Jahresrenten (annuities) eines Kapitals während seiner Lebensdauer. Dabei ist mit Kapital offenbar ein Kapitalgut gemeint, denn sonst hätte der Hinweis auf die Lebensdauer keinen Sinn. Den Wert der erwarteten zukünftigen Erträge in ihrer Summe führt er durch „Diskontierung" auf den Wert des Kapitalgutes in der Gegenwart zurück, und zwar auf dessen Herstellungspreis (supply price). Der „supply price" eines Gutes ist derjenige Preis, der einen Unternehmer gerade noch veranlassen kann, ein solches Gut zu produzieren.

Es ist dabei nicht klar ersichtlich, ob nach der Keynesschen Auffassung in dem Begriff des Ertrages auch derjenige Betrag enthalten ist, der dem Verschleiß des Kapitalgutes im Produktionsprozeß entspricht.

---

[18] *G. Haberler,* Prosperität und Depression, Bern 1948, S. 241.

I. Der Begriff der Grenzproduktivität

Üblicherweise wird der Ertrag oder die *Rente* eines Kapitals nach *Abzug der Abschreibung* für die Abnutzung ermittelt. Da Keynes die Summe der zu erwartenden Erträge nach der Diskontierung dem Herstellungswert des Kapitalgutes gleichsetzt, ist es offensichtlich, daß in den Keynesschen Erträgen auch die Beträge der Abnutzung des Kapitalgutes mitenthalten sein müssen, da sonst die Rechnung nicht aufgeht. Nehmen wir z. B. an, daß ein Kapitalgut einen Wert von DM 10 000,— hat, eine Lebensdauer von 10 Jahren, und die Summe der erwarteten Nutzleistungen einen Gesamtwert von DM 20 000,— erbringen soll. Dieser letztere Betrag soll sich in diesem Falle aufteilen lassen in DM 10 000,— für die Abnutzung des Kapitalgutes und DM 10 000,— als Ertrag. Es ist leicht ersichtlich, daß bei einer Diskontierung im Keynesschen Sinne vom Gesamtbetrag von DM 20 000,— ausgegangen wird und nicht vom Ertrags- oder Rentenwert von DM 10 000,—. Der Gegenwartswert der diskontierten Jahresrenten muß nämlich gleich Null sein und nicht dem Herstellungswert. Die diskontierten Jahresrenten plus Verschleiß sind gleich dem Herstellungspreis des Kapitalgutes. Das bedeutet, daß Keynes eigentlich nicht die Erträge im Sinne einer Kapitalverzinsung, sondern den Wert der Nutzleistungen eines Kapitalgutes im Auge hatte.

Die gedankliche Konstruktion, die Keynes mit seiner Einführung der Diskontierung vornimmt, betrifft letzten Endes nichts anderes als die bereits von Böhm-Bawerk behandelte Erscheinung der ausdauernden Güter. Nur ging bekanntlich Böhm-Bawerk nicht vom höheren Wert der Nutzensumme aus, sondern vom Werte des ausdauernden Gutes selbst und bezeichnete die Differenz zwischen dem Werte des ausdauernden Gutes und der Summe der in der Zukunft liegenden Nutzungen als „Mehrertrag" in Analogie zum Mehrertrag des kapitalistischen Produktionsumweges. Es sind also zwei Seiten derselben Sache, die hier behandelt werden. Der Unterschied liegt darin, daß das eine Mal von unten, das andere Mal von oben gerechnet wird.

Eine besondere Auslegung findet der Keynessche Begriff der Diskontierung bei E. Rolph. Rolph bezieht die Diskontierung nicht auf die Abstände, die zwischen dem Investitionszeitpunkt eines Kapitalgutes und seinen sukzessiv erfolgenden Nutzungen liegen, sondern auf die Zeitspanne zwischen den Zeitpunkten der Leistungen des Kapitalgutes und der hieraus hervorgehenden fertigen Produkte. Dabei sieht Rolph für den Begriff des Produktes drei verschiedene Auffassungsmöglichkeiten:

a) Als Produkt wird das konsumreife Gut aufgefaßt.

b) Unter Produkt werden die Güter verstanden, die ein Unternehmen produziert und verkauft.

c) Als Produkt wird das unmittelbare Ergebnis der Leistung des Kapitalgutes aufgefaßt[19].

Diese Auslegung wird nach unserem Dafürhalten der Keynesschen Auffassung nicht gerecht. Keynes lag es daran, den Zeitabstand zinsmäßig zu erfassen, der zwischen der Investition des Gutes und dem Ausreifen seiner, über die Zukunft verteilten Nutzungen liegt. Rolph hingegen geht von der Nutzleistung des Kapitalgutes aus und sucht festzustellen, welches das Intervall ist, das zwischen der Entstehung der Nutzleistung und der Entstehung des Produkes liegt. Er sieht die Diskontierung in der zinsmäßigen Überbrückung dieses Zeitabstandes. Es ist leicht zu erkennen, daß das etwas ganz anderes ist, als das Problem, das der Keynesschen Auffassung zugrunde liegt[20].

---

[19] Earl *Rolph*, The Discounted Marginal Productivity Doctrine in: Readings in the Theory of Income Distribution, London 1950, S. 281.

[20] Die Darstellung der Diskontierung von Keynes wird im allgemeinen in der Literatur in unserem Sinne aufgefaßt. Vgl. z. B. *Paulsen:* „Die Summe der erwarteten Erträge eines Kapitalgutes während seiner voraussichtlichen Lebensdauer wird auf ihren Gegenwartswert bezogen und als Rente oder ‚Zins' des Kostenwertes (Erstellungswertes) dieses Kapitalgutes aufgefaßt. Diese Verzinsung wird verglichen mit dem Zinssatz des Marktes. Investiert wird von den auf Rentabilität eingestellten Privatunternehmen, bis der ‚Grenzertrag des Kapitals', d. h. der erwartete Ertrag, der letzten noch investierten Kapitaleinheit dem Marktzins gleich ist", Paulsen, Neue Wirtschaftslehren, Berlin und Frankfurt 1950, S. 64/65.

II. Physisch-technische oder wertmäßige Grenzproduktivität?

Es erhebt sich die Frage, ob es sich bei der Grenzproduktivität um eine physisch-technische oder eine wertmäßige Erscheinung handelt. Diese Frage ist nicht ohne Berechtigung und gleichzeitig auch von grundlegender Bedeutung, denn es gibt eine physisch-technische Produktivität und es gibt eine wertmäßige Produktivität. Die physisch-technische Produktivität wird in technischen Maßeinheiten gemessen, wie z. B. PS, Ampere, kWh etc. oder auch in geleisteten Stückzahlen. Die wertmäßige Produktivität ist nach dem wirtschaftlichen Nutzen ausgerichtet und wird in Werteinheiten gemessen. Der Sprachgebrauch neigt dazu, beim Ausdruck Produktivität zunächst eine physisch-technische Größe erwarten zu lassen. Wenn wir uns trotzdem dafür entscheiden, den Begriff der Produktivität im Zusammenhang mit unserer ökonomischen Untersuchung wertmäßig und nicht physisch-technisch aufzufassen, so geschieht das aus folgenden Gründen[1]:

1. Eine physisch-technische Produktivität ist bei jeder Art der Verwendung von Produktionsmitteln gegeben. Sie tritt in ebenso zahlreichen Erscheinungsformen auf, wie es technische Verwendungsmöglichkeiten gibt, d. h. in unendlich vielen Verwendungsarten. Entsprechend zahlreich sind auch die Ergebnisse dieser Verwendungen, d. h. die produzierten Güter. Auch wenn man annähme, daß es möglich wäre — was aber tatsächlich nicht zutrifft[2] — alle Aufwendungen auf eine Produktionsmitteleinheit zurückzuführen wie etwa die Arbeitsstunde, so wäre auch damit in diesem Falle nichts gewonnen, da die verschiedenartigen *Produkte* nicht miteinander *vergleichbar* sind, und es daher ohne den Einbau weiterer Vergleichsstützen nicht möglich ist, zu beurteilen, ob z. B. eine Arbeitsstunde, die in einer Schuhfabrik eingesetzt ist, produktiver angelegt ist als eine Arbeitsstunde, die in einer Strumpffabrik arbeitet. Eine Vergleichbarkeit im physisch-technischen Sinne ist nur dort möglich, wo es sich um den Vergleich von Produktionsvorgängen gleicher Art handelt, also z. B. um die Produktion von

---

[1] Wir stimmen in dieser Auffassung mit einer Reihe von Autoren überein, wie z. B. *Landauer*, der ausdrücklich vom „Nutzen der letzten Produkteinheit" spricht. Vgl. C. Landauer, Theorie der Verteilung in: Die Wirtschaftstheorie der Gegenwart, Wien 1928. S. 0.

[2] Es lassen sich die verschiedenen Produktionsfaktoren nicht ohne weiteres durch einander ersetzen, also z. B. der Grund und Boden durch die Arbeitsleistung oder durch das Kapital usf. Sofern eine Ersetzung möglich ist, kann sie nur in begrenztem Umfang und unter gewissen Einschränkungen erfolgen.

II. Physisch-technische oder wertmäßige Grenzproduktivität?

Nähnadeln gleicher Art oder von Weizen gleicher Güte usw. So kann man z. B. feststellen, daß der Fabrikant A je Aufwand an Arbeitsstunden und Kapital eine größere Stückzahl Nähnadeln herstellt als der Fabrikant B, und daß er somit produktiver arbeitet. Man kann aber nicht die Leistung einer Nähnadelfabrik mit der Leistung einer Schuhfabrik in physisch-technischer Hinsicht vergleichen. Für die Wirtschaft ergibt sich daraus die Schlußfolgerung, daß unter der großen Anzahl von Produktionsvorgängen eine physisch-technische Vergleichbarkeit nur insofern gegeben ist, als es sich um gleichartige Produktionsvorgänge bzw. gleichartige Produkte handelt. Da aber nur relativ wenige Produktionsstätten gleichartige Produkte herstellen und die weitaus überwiegende Zahl der Produktionsstätten Produkte herstellen, die verschiedenartig sind, ist eine Vergleichbarkeit im physisch-technischen Sinne in der Regel nicht gegeben, da das tertium comparationis fehlt. Der Wirtschaftler sieht sich deshalb, wenn er vergleichen will, vor die Notwendigkeit gestellt, einen anderen gemeinsamen Nenner zu suchen, und das ist der Wert, bzw. in unserer modernen Wirtschaft die Geldeinheit.

2. Die physische Menge der produzierten Güter und die Wertmenge müssen nicht übereinstimmen. Auch in den Fällen, in denen es sich um den Vergleich produzierter Güter gleicher Art handelt, muß nicht die Wertmenge mit der Gütermenge übereinstimmen etwa in der Weise, daß doppelt soviel Güter auch doppelt soviel Wert darstellen. Es ist durchaus möglich und sogar wahrscheinlich, daß bei einer Steigerung der technischen Produktivität und der damit verbundenen Erhöhung der produzierten Stückzahl infolge des nunmehr größeren Angebots auf dem Markt die Preise für das einzelne Gut sinken werden und damit die Wertsumme der Gesamtheit dieser Güter geringer sein wird, als sie wäre, wenn die Preise unverändert geblieben wären. Ja, es kann sogar der extreme Fall eintreten, daß infolge des vermehrten Angebotes der Preisrückgang derart groß ist, daß die auf Grund der erhöhten Produktivität größere Gütermenge *insgesamt* eine geringere Preissumme erbringt als die, vor der Steigerung der Produktivität angebotene kleinere Gütermenge. Die Fälle, in denen beispielsweise gute Kaffee-Ernten die Produzenten veranlaßten, einen Teil der Ernte ins Meer zu schütten, um einen insgesamt höheren Erlös zu erzielen, sind bekannt. Dieses sind zwar extreme Fälle, doch wird auch im allgemeinen eine genaue Proportionalität zwischen Menge und Wert nicht festzustellen sein.

Die Wirtschaft wird immer, wenn sie vor die Wahl gestellt ist, zwischen technischen und wertmäßigen Gesichtspunkten zu entscheiden, sich nach dem wertmäßigen Gesichtspunkt richten. Diese Stellungnahme ist vor allem maßgebend für die Lenkung der Produktivmittel

II. Physisch-technische oder wertmäßige Grenzproduktivität?

in die verschiedenen Verwendungsmöglichkeiten. So kann z. B. bei unveränderter technischer Leistung, d. h. also technischer Produktivität bei einer Änderung der Wertschätzung eines Produktes z. B. aus geschmacklichen, modischen oder sonstigen Gründen eine wirtschaftliche Wertminderung dieses Produktes eintreten, so daß eine Einschränkung der Produktion dieses Artikels notwendig erscheint. Es liegt auf der Hand, daß sich in diesem Falle die technische Produktivität nicht verändert hat, wohl aber die wertmäßige und es kann keinen Zweifel darüber geben, daß für die wirtschaftliche Überlegung allein die wirtschaftliche Wertung maßgebend ist. So können wirtschaftliche Fehldispositionen zwar technisch produktiv sein, wirtschaftlich werden sie jedoch nur einen geringen oder keinen Nutzen erbringen. Das Schicksal aus der Mode gekommener und abgestorbener Industriezweige legt hiervon Zeugnis ab. Zusammenfassend können wir somit feststellen, daß ein Produktionsvorgang im Sinne der wirtschaftlichen Produktivität nur nach seinem wirtschaftlichen Nutzen, nicht aber nach der produzierten Stückzahl zu beurteilen ist.

3. Wenn auch die mengenmäßige Veränderung in der Erzeugung infolge veränderter Produktivität mit der wertmäßigen nicht übereinstimmen muß, so darf doch in diesem Zusammenhang nicht übersehen werden, daß im allgemeinen die größere Stückzahl auch eine größere Wertmenge darstellt. Insoweit wird auch eine Steigerung der technischen Produktivität, die zu einer größeren Stückzahl je geleisteter Aufwandseinheit führt, in der Regel auch einen größeren wirtschaftlichen Nutzeffekt erbringen und damit auch eine Steigerung der wertmäßigen Produktivität bedingen. Die technische Produktivität wird aber nicht unmittelbar für die wirtschaftliche Beurteilung maßgebend sein, sondern nur mittelbar über den *Wert* der produzierten Gütermenge.

Im allgemeinen wird man dabei feststellen können, daß bei Veränderungen der technischen Produktivität die physisch-quantitativen Reaktionen der Produktmenge stärker sind als die wirtschaftlich-wertmäßigen, d. h. *bei einer Steigerung der Leistung wächst die Menge der Produkte stärker an als ihre Wertsumme und bei einer Verringerung der Produktivität fällt die Stückzahl stärker ab als die Wertsumme der verminderten Stückzahl.* Das ist auch ganz natürlich, wenn man bedenkt, daß bei steigender Produktivität eine größere Stückzahl geleistet wird, die bei gleichbleibender Nachfrage eine Preissenkung je Einzelstück zur Folge hat, was wiederum bedeutet, daß sich der Wert der Produktmenge infolge Absinkens des Preisfaktors relativ vermindert.

Besonders kraß tritt die Tendenz, den Güterwert bei steigender Produktion zu senken, bei zurückgehender Produktion zu erhöhen, bei landwirtschaftlichen Gütern in Erscheinung. Dieser auffallende Tatbestand wurde bereits in der Kingschen Preisregel als ökonomisches Gesetz festgehalten. Allgemein läßt sich sagen, daß, wenn man von einem Gleichgewichtszustand in der Versorgung ausgeht, in allen Fällen einer *unelastischen* Nachfrage eine Erhöhung der Produktion einen schwer absetzbaren Überfluß, eine Verringerung einen empfindlichen Mangel bringt.

In der ökonomischen Literatur ist von den Nationalökonomen, die sich mit den Problemen der Produktivität beschäftigt haben, unter Außerachtlassung der Differenzierung zwischen mengenmäßiger und wertmäßiger Veränderung Menge und Wert gewöhnlich als proportional angenommen. Allerdings sind sich diese Nationalökonomen über die bestehende Divergenz im klaren, und Böhm-Bawerk weist in einer Anmerkung noch ausdrücklich darauf hin[3]. Für uns, die wir zwischen der physisch-technischen und der wertmäßigen Grenzproduktivität unterscheiden, ist diese Differenzierung von besonderer Wichtigkeit.

Die oft angewandte stillschweigende Gleichsetzung von Menge und Wert, wenn auch als vereinfachendes Mittel in der Darstellung komplizierter Zusammenhänge, hat doch vielfach dazu beigetragen, die klare begriffliche Unterscheidung zwischen technischer und wertmäßiger Produktivität zu verwischen. Eine Klarstellung in dieser Hinsicht erschien deshalb in unserem Zusammenhang unbedingt geboten.

Wenn auch darüber Einigkeit besteht, daß letzten Endes der wirtschaftliche Nutzen für die Grenzproduktivität maßgebend ist, so dürfen wir doch nicht außer acht lassen, daß ein wirtschaftlicher Nutzen immer auf einem physischen Produkt basiert. Die Regeln, die für die Gestaltung des physischen Grenzproduktes bestimmend sind, üben daher immer ihre Wirkung auch auf die Höhe des Nutzens aus, der von der Grenzproduktivität abhängig ist, allerdings mit den oben erwähnten Einschränkungen.

---

[3] „Ich versinnliche hier die wachsenden Erträge der längeren Produktionsmethoden durch wachsende *Wert*ziffern (Gulden) statt wie bisher durch wachsende Ziffern von Naturalerträgen, Fischen, Zentnern Getreide u. dgl. Ich darf dies tun, weil, wie immer der absolute Wert der Produkteinheit stehen mag, die größere Menge von Produkten derselben Art, die durch die eine der verglichenen Produktionsmethoden alljährlich erzielt werden kann, jedenfalls auch einen größeren Wert haben muß, als die kleinere Menge gleichartiger Produkte, die durch andere verglichene Produktionsmethoden alljährlich zu erzielen ist. Daß wegen einer gewissen leisen Verschiebung der Größe des Grenznutzens, die mit der reichlicheren Versorgung durch eine ergiebigere Produktionsmethode verbunden sein kann, die Wertsummen nicht in einem völlig exakten Parallelismus mit den Produktsummen wachsen müssen, stört hier ebensowenig, als es in dem verwandten oben auf S. 334, Note 1 entwickelten Gedankengang stören könnte." *Böhm-Bawerk*, Positive Theorie des Kapitals 1. Bd. 4. Aufl. Jena 1921, S. 441, Anm. 1.

II. Physisch-technische oder wertmäßige Grenzproduktivität?

So erlangt ein Gesetz, das rein physischer Art ist, wie das Gesetz vom abnehmenden Ertrag, bestimmenden Einfluß auch auf die wertmäßigen Zusammenhänge der Grenzproduktivität, indem dieses Gesetz maßgebend auf die produzierte Stückzahl einwirkt und damit über die Menge auf den Wert Einfluß nimmt.

III. Das Gesetz vom abnehmenden Ertrag

1. Allgemeines

Das Gesetz vom abnehmenden Ertrag wird im allgemeinen etwa in folgender Weise formuliert: Bei der Vermehrung eines Produktionsfaktors erbringt jede neu aufgewendete Einheit des variabel gehaltenen Produktionsfaktors von einem bestimmten Punkt an, der als Optimum bezeichnet wird, einen immer geringeren Ertrag, d. h. der Ertrag der zuletzt aufgewendeten Einheit ist geringer als der Ertrag der vorher aufgewendeten Einheit.

Das Gesetz vom abnehmenden Ertrag (the law of diminishing return) erscheint in der Literatur als ein Gesetz von allgemeiner Gültigkeit, d. h. es umfaßt sämtliche Produktionsfaktoren, und zwar die Arbeit, das Kapital und den Grund und Boden. Dieses Gesetz bezieht sich auf das *Zusammenwirken* von Produktionsfaktoren und ist daher nur dort wirksam, wo mindestens zwei Produktionsfaktoren kombiniert werden. Es gilt also nicht für die Leistung einer ohne Zuhilfenahme von Kapital oder Grund und Boden arbeitenden Person, z. B. eines Schriftstellers, eines Rechtsanwaltes, eines Wirtschaftsprüfers, eines Arztes, der ohne Benutzung technischer Apparatur ärztlichen Rat erteilt, usf.

Neben dem Gesetz vom abnehmenden Ertrag als einem allgemein gültigen Gesetz kennen wir in der Nationalökonomie Spezialertragsgesetze wie das Gesetz vom abnehmenden Bodenertrag, oder das Gesetz von der abnehmenden Mehrergiebigkeit der Produktionsumwege. In welchem Verhältnis stehen diese Gesetze zum Gesetz vom abnehmenden Ertrag? Man geht nicht fehl, wenn man hier eine Erscheinung feststellt, die durch die geschichtliche Entwicklung der ökonomischen Forschung bedingt ist. Die Spezialgesetze wurden zuerst erkannt und aufgestellt und erst nachher setzte sich die Erkenntnis durch, daß es sich hierbei nicht um einzelne Gesetzmäßigkeiten, sondern um ein Prinzip von *allgemeiner Gültigkeit* handelt. Diese Auffassung wurde schon sehr bald von Böhm-Bawerk, Wicksell, Marshall und einer Reihe anderer Autoren vertreten, und sie dürfte heute bereits als gefestigte Erkenntnis in unsere Wissenschaft eingegangen sein[1].

---

[1] „Dieses Gesetz (das Gesetz vom abnehmenden Ertrag. Der Verfasser) hat indessen, wie man leicht einsieht, universale Bedeutung und macht sich im allgemeinen immer geltend, sobald eines oder wenige der Produktionselemente, die zu der betreffenden Herstellung erforderlich sind, einseitig (über eine gewisse Grenze hinaus) vergrößert werden, während das andere oder die anderen Produktionselemente unverändert bleiben." ... „Nicht weni-

III. Das Gesetz vom abnehmenden Ertrag

So bemerkt Samuelson in bezug auf die Theorie der Grundrente: „Diese Theorie der Differentialrente ist sicherlich nicht falsch, Indessen, die ... Grenzproduktivitätsanalyse macht sie überflüssig[2]."

Es ist kein Zufall, daß gerade die Anhänger der Grenznutzenlehre (Böhm-Bawerk, Wicksell, Marshall u. a.) sich mit dem Gesetz vom abnehmenden Ertrag und seinen Auswirkungen eingehend beschäftigten und die Entwicklung in dieser Richtung vorantrieben. Stellt doch das Gesetz vom abnehmenden Ertrag eine analoge Erscheinung zum Gossenschen Gesetz der abnehmenden Bedürfnissättigung dar.

Zurückkommend auf unsere Ausgangspunkte können wir somit feststellen, daß das Gesetz vom abnehmenden Ertrag ein Prinzip allgemeiner Gültigkeit darstellt, während die einzelnen speziellen Gesetze nur auf Teilgebiete der Produktion bezogene Erscheinungsformen dieses allgemein gültigen Gesetzes sind. Der Vollständigkeit halber sei in diesem Zusammenhang vermerkt, daß ein Gesetz des abnehmenden Arbeitsertrages in der ökonomischen Wissenschaft nicht formuliert wurde, daß aber auch der Arbeitsertrag ebenso wie die übrigen Produktionsfaktoren dem Gesetz des abnehmenden Ertrages unterworfen ist. Genau gesehen betrifft die im Gesetz vom abnehmenden Bodenertrag zum Ausdruck gebrachte abnehmende Tendenz nicht den Grund und Boden, sondern den Ertrag der mit dem Grund und Boden kombinierten Produktionsfaktoren Arbeit und Kapital. Denn in dem Mischungsverhältnis der Produktionsfaktoren ist es der Grund und Boden, der seinen Anteil relativ vermindert, während die Anteile der übrigen Produktionsfaktoren relativ vermehrt werden. Dadurch geraten diese Produktionsfaktoren unter die Wirkung des Gesetzes vom abnehmenden Ertrag. Nicht der *Ertrag* des Grund und Bodens nimmt ab, sondern *seine Beteiligung* am Produktionsprozeß nimmt relativ ab. Es hat dieselbe Wirkung, als wenn von einem Produktionsfaktor weniger Einheiten in den Mischungs-Prozeß entsandt werden. Man sollte deshalb nicht von einem Gesetz vom abnehmenden Bodenertrag sprechen, sondern von einem relativen Nachlassen der Beteiligung des Grund und Bodens am Produktionsvorgang bei zunehmendem Einsatz der übrigen Produktionsfaktoren. Auf diese Tatsache weist besonders Carell hin. „Genaugenommen wäre es daher angebracht, nicht von einem Gesetz des abnehmenden Bodenertrages, sondern von einem Gesetz des abnehmenden Ertrages der auf den Boden aufgewendeten Arbeit (beziehungsweise sachlichen Produktionsmittel) zu sprechen[3]."

---

ger generell, sondern noch viel genereller ist jedoch das Gesetz des abnehmenden Ertrages, sobald seine Voraussetzung, einseitige Vermehrung einiger Produktionselemente vorhanden ist." *Wicksell*, Vorlesung über Nationalökonomie, Bd. I, S. 170. Jena 1913.

[2] *Samuelson*, Volkswirtschaftslehre, zweite Aufl. Köln 1958, S. 557.
[3] *Carell*, Allg. Volkswirtschaftslehre, Heidelberg 1954, S. 44.

III. Das Gesetz vom abnehmenden Ertrag

Das Gesetz vom abnehmenden Ertrag ist ein physisches Gesetz und betrifft unmittelbar die technische Produktivität. Sowohl das Gesetz vom abnehmenden Bodenertrag als auch das Gesetz von der abnehmenden Mehrergiebigkeit der Produktionsumwege wird rein physisch begründet. Dabei wird das Gesetz vom abnehmenden Bodenertrag als eine boden-chemische Erscheinung in der Literatur dargestellt und das Gesetz von der abnehmenden Mehrergiebigkeit der Produktionsumwege auf rein physisch-quantitative Vorgänge bezogen. Es leuchtet ein, daß diese zunächst rein quantitativen Erscheinungen selbstverständlich auch mittelbar wertmäßige Erscheinungen maßgeblich beeinflussen, da in der Regel mehr Produkt auch mehr Wert darstellt, allerdings mit gewissen Einschränkungen, wie wir sie im vorigen Kapitel dargelegt haben.

Der Ertrag hat die Tendenz, bei einseitiger Vermehrung eines Faktors abzunehmen. In welcher Weise und in welchem Umfange erfolgt die Abnahme? Ist sie gleichmäßig stetig oder sprunghaft, fällt der Ertrag in proportionaler oder progressiver Weise ab? Dieses sind Fragen, die in diesem Zusammenhang zweifellos interessieren dürften. Leider ist es nicht möglich, auf diese Fragen eine exakte Antwort zu geben. Die Form der Abnahme kann von Fall zu Fall verschieden sein und wir können keine mathematisch genaue Regel hierfür aufstellen.

Die abnehmende Ertragstendenz gilt nur für den Faktor, der einseitig vermehrt wird, wobei es gleichgültig ist, ob diese Vermehrung in der Weise erfolgt, daß bei einem Stehenbleiben der übrigen Faktoren dieser Faktor sich allein verändert oder, daß sich die anderen Faktoren vermindern, oder, daß sich die anderen Faktoren zwar vermehren, der betreffende Faktor aber stärker vermehrt wird als die übrigen Produktionsfaktoren. Es kommt also auf die *relative* Vermehrung des Produktionsfaktors an. Im Rahmen einer Volkswirtschaft kann aus *diesem Grunde* die Tendenz der Abnahme der Grenzproduktivität bei der Kombination zweier Faktoren zur *gleichen Zeit* nur *ein* Faktor haben. Überhaupt dürfen wir uns durch die absteigende Form der Produktivitätskurve beim Gesetz vom abnehmenden Ertrag nicht täuschen lassen und annehmen, daß diese Form die tatsächliche Entwicklung eines jeden Produktionsfaktors widerspiegelt. Die abnehmende Tendenz gilt nur unter der ausdrücklichen Annahme, daß ein Produktionsfaktor einseitig vermehrt wird. In Wirklichkeit ist eine solche einseitige Vermehrung eines Faktors in der Volkswirtschaft höchst selten eine *andauernde* Erscheinung. Die Entwicklung in der empirischen Wirtschaft geht vielmehr dahin, daß mal der eine, mal der andere Produktionsfaktor relativ vermehrt wird, und daß somit die Entwicklungskurve der Grenzproduktivität eines Faktors in der empirischen Entwicklung eher eine wechselnde Tendenz aufweist.

III. Das Gesetz vom abnehmenden Ertrag

In den letzten Jahrzehnten ist — wenigstens in Europa und Amerika — ein ständiges Ansteigen der Grenzproduktivität der Arbeit zu verzeichnen. Diese Entwicklung hängt vornehmlich zusammen mit dem Fortschritt der Technik sowie mit der besseren Ausstattung der Arbeitsplätze mit Kapitalgütern, was nichts anderes bedeutet, als daß sich der relative Anteil des Kapitals am Produktionsprozeß vergrößert hat.

Eine abweichende Auffassung nimmt hierzu Forstmann ein, der die Ansicht vertritt, daß „der Produktionsfaktor Arbeit an sich die natürliche Tendenz einer Senkung seiner Produktivität" habe[4]. Diese Meinung begründet er mit der ständigen Zunahme der Bevölkerung. Seine Argumentation ist dabei nicht widerspruchsfrei, denn einige Sätze später fährt er folgendermaßen fort: „Die angegebene ‚natürliche' Tendenz einer Senkung der Grenzergiebigkeit des Produktionsfaktors ‚Arbeit' wird unterstützt durch eine jede Steigerung der allgemeinen technischen Produktivität, die durch den Einsatz des Produktionsfaktors ‚Kapital' bedingt ist[1]." Eine Steigerung der technischen Produktivität durch den Einsatz von Kapital bedeutet aber nichts anderes als eine relative Zunahme des Kapitals am Produktionsprozeß, wodurch der Faktor Kapital in das Gesetz des abnehmenden Ertrages, der korrespondierende Faktor Arbeit jedoch in eine zunehmende Grenzproduktivität gerät. In dieser Darstellung von Forstmann ist somit offensichtlich ein Widerspruch enthalten, denn eine bessere Ausstattung des Arbeitsplatzes mit Kapital muß zu einer Steigerung der Grenzproduktivität der Arbeit führen und nicht zu einer Abnahme.

Die statistische Darstellung der wirtschaftlichen Entwicklung gibt unserer Auffassung recht. Die nachstehenden Tabellen, die der Veröffentlichung „Wages" des Internationalen Arbeitsamtes in Genf entnommen sind, zeigen erstens, daß die Leistung je Arbeitsstunde in den letzten Jahrzehnten ständig im Steigen begriffen ist (vgl. Tabelle I) und zweitens, daß die Reallöhne fast aller wichtigen Länder der westlichen Hemisphäre ebenfalls die Tendenz zur Steigerung aufweisen (vgl. Tabelle II).

Zusammenfassend und abschließend können wir deshalb zu diesem Punkt sagen, daß die Entwicklung der letzten Jahrzente zwar eine Zunahme der Bevölkerung und damit eine Zunahme des Faktors Arbeit aufweist, diese Tendenz aber überkompensiert wird durch eine noch stärkere Zunahme an Kapitalgütern und durch den technischen Fortschritt.

Werden in einer Volkswirtschaft alle Produktionsfaktoren gleichmäßig vermehrt, so ergibt sich konsequenterweise bei keinem Faktor

---

[4] *Forstmann*, a. a. O., S. 91.

eine Tendenz der Abnahme der Grenzproduktivität. Wenn wir diesen Fall graphisch darstellen wollten, so erhielten wir für die drei Produktionsfaktoren im Verhältnis zur Grundlinie parallele Kurven.

Eine weitere Frage ist es, welchen Einfluß die einseitige Vermehrung eines Produktionsfaktors auf die Grenzproduktivität der übrigen Produktionsfaktoren ausübt. Gehen wir zunächst einmal davon aus, daß der Einfachheit halber zwei Produktionsfaktoren an einer Produktion beteiligt sind, und zwar der Faktor Arbeit und der Faktor Kapital. Wir nehmen dabei an, daß der eine Produktionsfaktor, z. B. der Produktionsfaktor Arbeit, einseitig vermehrt wird. In der untenstehenden graphischen Darstellung tragen wir auf der Grundlinie die Menge des Produktionsfaktors Arbeit auf. Wenn wir die Größe des Produktionsfaktors

Tabelle I a)

Table VIII. Real Product per Man-Hour in 19 Countries: Rates of Growth per Annum

Country	Years	Percentage
Australia	1886 — 1913—14	1.2
	1913—14 — 1927—28	1.7
	1927—28 — 1938—39	0.6
Belgium	1913 — 1939	1.9
Canada	1903 — 1928	0.5
	1928 — 1939	1.2
Denmark	1913 — 1933	0.8
Finland	1913 — 1930	2.1
	1930 — 1938	3.3
France	1830 — 1905	1.6
	1905 — 1938	0.7
Germany	1890 — 1935	1.0
	1935 — 1939	8.4
Great Britain	1860 — 1945	1.3
Hungary	1913 — 1930	0.9
	1930 — 1939	0.0
Ireland	1883 — 1926	2.1
	1926 — 1939	1.0
Italy	1914 — 1928	1.1
	1928 — 1939	2.2
Japan	1908 — 1922	7.9
	1922 — 1937	4.3
Netherlands	1913 — 1939	1.1
New Zealand	1901 — 1943	1.3
Norway	1891 — 1930	2.0
	1930 — 1939	4.3
Poland	1913 — 1929	± 1.5
Sweden	1881 — 1939	2.0
Switzerland	1890 — 1929	2.2
	1929 — 1938	0.2
United States	1850 — 1941	1.6

a) Queensland Bureau of Industry: Economic News (Brisbane) Vol. 15, Nos. 4—6, April—June 1946, p. 3.

Tabelle II[a]

Table VII. Index Numbers of Real Wages in Certain Countries 1929—1946

1937 = 100

Year	Argentinia	Australia	Bulgaria	Canada	Czecho-slovakia	Denmark	France	New Zealand	Sweden	Switzer-land	United Kingdom	United States
1929	96	95	69	85	98	99	—	82	92	94	91	76
1931	96	100	78	93	107	112	—	85	102	102	99	78
1933	102	99	84	94	110	110	75	90	99	110	101	79
1934	103	98	84	—	109	107	80	89	99	109	101	—
1935	105	98	90	96	105	103	83	87	100	108	101	92
1936	99	98	93	96	104	101	87	94	100	104	101	92
1937	100	100	100	100	100	100	92	100	100	100	100	100
1938	100	105	103	102	98	104	100	102	103	102	102	102
1939	103	104	104	103	100	105	97	100	107	102	101	105
1940	103	103	106	103	104	93	91	99	103	96	97	109
1941	103	104	98	106	102	87	74	99	96	90	97	114
1942	106	103	84	110	101	87	68	100	96	90	104	121
1943	108	106	74	118	103	92	66	100	99	93	109	128
1944	—	107	88	121	102	97	59	101	100	97	113	134
1945	—	108	98	120	107	103	80	109	105	103	117	131
1946	—	109	100	131	99	115	100	113	113	115	127	128
1947	—	—	—	—	106	—	59	—	—	—	—	126

[a] International Labour Review, Vol. LVI, No. 2, August 1947, pp. 214—220 and Vol. LVII, Nos. 1—2, January—February 1948, pp. 134—140.

III. Das Gesetz vom abnehmenden Ertrag

Arbeit von Punkt A bis zum Punkt A_1 ausdehnen, ohne dabei den korrespondierenden Faktor Kapital zu verändern, so gerät der Produktionsfaktor Arbeit in die abnehmende Tendenz und seine Grenzproduktivitätskurve erhält eine Neigung zur Grundlinie hin. (Linie P-P_1.) Wäre nun die Relation zwischen dem Faktor Kapital und dem Faktor Arbeit bei der Vermehrung nicht verändert worden, so wäre die Linie der Grenzproduktivität des Faktors Arbeit parallel zur Grundlinie verlaufen. (Linie P-P_2.)

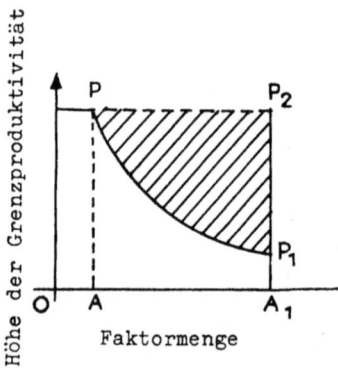

Es wird also durch die einseitige Vermehrung des Faktors Arbeit eine Verminderung seiner Grenzproduktivität eintreten, die in ihrem wertmäßigen Ausmaß dem schraffierten Ausschnitt entspricht. Die punktierte Linie P-P_2 zeigt, welchen Verlauf die Kurve der Grenzproduktivität des Faktors Arbeit genommen hätte, wenn der korrespondierende Faktor Kapital mitvergrößert worden wäre, so daß die alte Relation gewahrt geblieben wäre. Wenn nun der Produktionsfaktor Kapital nachträglich ebenfalls vergrößert wird, und zwar so lange, bis die ursprünglich bestandene Relation zwischen dem Anteil der Faktoren Arbeit und Kapital wiederhergestellt ist, so wird der Faktor Arbeit seine alte Höhe der Grenzproduktivität wieder einnehmen. Was hängt in diesem Fall von der Vermehrung des Faktors Kapital ab? Zunächst wird er seine ursprüngliche Höhe der Grenzproduktivität nicht verschlechtern, da ja die ursprüngliche Relation zwischen Arbeit und Kapital nunmehr wiederhergestellt und weitergeführt wird. Dazu wird der Faktor Kapital aber den Produktivitätsverlust, den der Faktor Arbeit erlitten hat (graphisch dargestellt durch den schraffierten Ausschnitt) ausgleichen. Dabei wird der Grenzproduktivität des Kapitals zunächst die volle Spanne, die zwischen den Punkten P_1 und P_2 besteht, hinzugerechnet werden und bei einer fortschreitenden Vergrößerung des Faktors Kapital wird sich diese Spanne verringern entsprechend der Form des Ausschnittes, nur in umgekehrter Richtung, bis sie bei Erreichung der ursprünglichen Relation ganz verschwindet.

III. Das Gesetz vom abnehmenden Ertrag 43

Hiermit dürfte der Nachweis erbracht worden sein, daß bei einer Verminderung der Grenzproduktivität eines Faktors infolge einseitiger Vergrößerung dieses Faktors, die Grenzproduktivität der übrigen beteiligten Produktionsfaktoren entsprechend erhöht wird. *Aus der Umkehrung des Gesetzes vom abnehmenden Ertrag ergibt sich für die beteiligten übrigen Faktoren eine Tendenz zur Ertragszunahme.*

2. Die Einfügung zusätzlicher Produktionsmittel in die bereits bestehenden Kombinationen der Produktionsfaktoren

Eine Veränderung der Grenzproduktivität setzt voraus, daß ein oder mehrere Produktionsfaktoren vermehrt beziehungsweise vermindert werden, wobei wir zunächst annehmen, daß der Stand des technischen und organisatorischen Könnens unverändert bleibt. Es erhebt sich in diesem Zusammenhang die Frage, ob zusätzlich auftretende Mengen eines Produktionsfaktors überhaupt in die bestehenden Produktionskombinationen eingebaut werden können, und wenn das möglich ist, wie sich eine solche Eingliederung vollzieht. Grundsätzlich ist hierzu zunächst zu bemerken, daß, von Ausnahmen abgesehen, eine Eingliederung zusätzlicher Mengen eines Produktionsfaktors keine prinzipiellen Schwierigkeiten bereiten dürfte[5].

Für die Eingliederung der neu hinzukommenden Produktionsmitteleinheiten ergeben sich je nach der Situation verschiedene Möglichkeiten, die im wesentlichen folgende Fälle erfassen:

1. Bei zunehmendem Kapitaleinsatz kann die Anpassung erfolgen

   a) durch eine Verlängerung der Produktionsumwege;

   b) durch eine stärkere Ausstattung der vorhandenen Arbeitsplätze mit Maschinen, Werkzeugen etc., ohne daß eine Verlängerung des Produktionsumweges selbst eintritt. Mußten sich z. B. bisher in einer Werkstatt zwei Schlosser in einen Schraubstock teilen, so erhält nunmehr jeder Schlosser einen Schraubstock für sich allein. Ein anderes, in diesem Zusammenhang sehr deutliches Beispiel bietet eine Weberei. Nehmen wir an, daß in einer gegebenen Weberei eine Weberin eine bestimmte Anzahl von Webstühlen bedient. Eine neue Kapitalinvestierung kann dazu führen, daß die Zahl der Webstühle, die eine Weberin zu bedienen

---

[5] Es erscheint unverständlich, weshalb Zarnowitz die Ansicht vertritt, daß die Vermehrung eines Produktionsfaktors im Produktionsprozeß nicht möglich ist, ohne daß gleichzeitig die übrigen Produktionsfaktoren mit vermehrt werden, und deshalb kurzerhand erklärt: „Die Annahme, der Einsatz einer zusätzlichen Einheit des variablen Faktors erfolge bei unveränderten Gesamtkosten für alle anderen Faktoren, wird hier fallen gelassen." *Zarnowitz,* Die Theorie der Einkommensverteilung, Tübingen 1951, S. 75.

hat, erhöht wird, so daß nunmehr auf eine Weberin mehr Webstühle entfallen als vorher. In diesen Fällen erfolgt die Vermehrung der Kapitalausstattung in die Breite und nicht in die Tiefe;

c) in der Landwirtschaft wird eine Vermehrung des Kapitaleinsatzes zu einer Intensivierung der Bewirtschaftung führen, die ebenfalls entweder in einer Erhöhung der Zwischenprodukte ihre Auswirkung findet, oder in einer größeren Breite der eingesetzten Kapitalgüter.

2. Bei einer Zunahme der Anzahl der Arbeiter, also bei einer Vergrößerung des Faktors Arbeit, kann die Anpassung in folgender Weise erfolgen:

a) durch eine Verkürzung der Produktionsperioden, so daß dadurch eine Verteilung des vorhandenen Kapitals in einer größeren Breite möglich ist;

b) durch die Einführung von Schichtarbeit. Diese in der Praxis sehr häufig angewendete Methode erlaubt es, die vorhandenen Kapitalgüter wesentlich stärker zu nutzen und entspricht in ihrer Wirkung einer entsprechenden Vermehrung der bereitgestellten Kapitalgüter. Allerdings darf man hier nicht außer acht lassen, daß sich die Lebensdauer der Kapitalgüter in einem mehrschichtigen Betrieb entsprechend verkürzt;

c) durch eine dichtere Verteilung der vergrößerten Arbeiterzahl auf die vorhandenen Kapitalgüter. Wenn z. B. ein Fabrikationsbetrieb seine Belegschaft um 10 % vergrößert, so kann er die Anpassung dadurch erreichen, daß er die Aufteilung der Arbeiterschaft auf die vorhandenen Maschinen und Werkzeuge neu vornimmt und die Arbeitsplätze dürftiger ausstattet als bisher. Wenn wir auf das schon erwähnte Beispiel der Weberei zurückkommen, wird in diesem Falle eine Weberin weniger Webstühle zur Bedienung zugeteilt erhalten als bisher. Die Leistung je Webstuhl wird dadurch steigen, die Leistung je Weberin jedoch sinken.

Sofern eine Anpassung durch eine gleichmäßige Aufteilung auf die vorhandenen sachlichen Produktionsmittel nicht möglich ist, besteht oft die Möglichkeit, durch Umorganisation des Arbeitsablaufes zusätzliche Arbeiter unterzubringen, indem z. B. neu eingestellte Arbeiter verschiedene Hilfs- und Nebenarbeiten übernehmen, die bisher durch die Arbeiter an den Maschinen neben ihrer Maschinenarbeit geleistet wurden. Durch eine solche Umorganisation werden die Maschinenarbeiter entlastet und es

III. Das Gesetz vom abnehmenden Ertrag 45

wird ihnen die Möglichkeit gegeben, ihre Produktionsleistung durch eine stärkere Ausnutzung der Maschinen zu heben.

3. Bei einer einseitigen Vergrößerung des Grund und Bodens, z. B. durch Neuerschließung bisher noch nicht bewirtschafteten Grund und Bodens, ist die Anpassung an die vorhandenen korrespondierenden Produktionsfaktoren durch eine extensivere Bewirtschaftung möglich. Es werden weniger Kapitalgüter und weniger Arbeiter auf die Bodeneinheit eingesetzt. Das bedingt oft auch eine Veränderung in der Wahl der anzubauenden Kulturen.

So wie sich die Anpassung der Wirtschaft an die Veränderungen der Relation der Produktionsfaktoren im Falle der Vermehrung eines Produktionsfaktors vollzieht, so erfolgt in entsprechender Weise auch die Anpassung im umgekehrten Falle, d. h. im Falle der Verminderung eines Produktionsfaktors. In vielen Fällen wird die Anpassung an die veränderte Situation, die durch die Vermehrung oder Verminderung eines Produktionsfaktors erfolgt, eine gewisse Zeit erfordern, und der Ausgleich in der Wirtschaft wird erst nach der Beendigung des Anpassungsvorganges eintreten.

3. Die partikuläre und universale Gültigkeit des Gesetzes vom abnehmenden Ertrag

Das Gesetz vom abnehmenden Ertrag hat sowohl partikuläre als auch universale Gültigkeit, d. h. es gilt ebenso im Falle des einzelnen Unternehmens als auch in bezug auf die Gesamtheit eines Produktionsfaktors innerhalb einer Volkswirtschaft. Es ist dabei grundsätzlich gleichgültig, ob man die Vergrößerung von Produktionsfaktoren im Auge hat, die z. B. dadurch entstehen, daß in einem einzelnen Unternehmen Arbeiter neu eingestellt werden oder zusätzliche Maschinen aufgestellt werden, oder in einem landwirtschaftlichen Betrieb weiterer Grund und Boden in Bearbeitung genommen wird, oder aber, ob sich in der Volkswirtschaft die Anzahl der Arbeiter insgesamt erhöht (z. B. durch Zuwanderung von Arbeitskräften) oder eine Vergrößerung der in der Volkswirtschaft bestehenden Kapitalinvestitionen erfolgt, oder ob die Anbauflächen in ihrer Gesamtheit im Rahmen einer Volkswirtschaft vergrößert werden.

Es wird dabei in der Volkswirtschaft zwischen den verschiedenen Verwendungsmöglichkeiten, die sich einem Produktionsfaktor bieten, ein Ausgleich vorgenommen werden in der Weise, daß der Nutzen, den jede Einheit eines Produktionsfaktors stiftet, auf der gleichen Höhe zu liegen kommt. Dieser Ausgleich erfolgt durch die Konkurrenz, indem jede Verwendungsmöglichkeit, die einen höheren Nutzen verspricht und die noch nicht ausgenutzt ist, dahin wirkt, die Produktionsfaktoren aus den sich schlechter lohnenden Verwendungsmöglichkeiten abzuziehen. Diese Erscheinung wird von Liefmann als das „Gesetz des Ausgleichs der Grenzerträge" bezeichnet[6]. Dieser Angleichungsprozeß ist in der empirischen Wirtschaft permanent im Gang und wird nie zum Abschluß kommen, solange die Wirtschaft besteht, da immer neue Daten und neue Veränderungen in der Wirtschaft auftreten, die immer neue Anpassungen erforderlich machen[7].

Von dem oben behandelten Problem grundsätzlich zu unterscheiden ist die Frage, wie sich die mengenmäßigen Anteile der Produktionsfaktoren in den einzelnen Betrieben und in der Volkswirtschaft als Ganzes zueinander verhalten. Es liegt auf der Hand, daß hier eine einheitliche Relation nicht gegeben ist, denn es gibt kapital-intensive und es gibt arbeits-intensive Betriebe.

Die quantitativen Anteile der Produktionsfaktoren werden in jedem Betrieb der Individualität des Betriebes entsprechend anders liegen. Der Ausgleich der Produktivität auf dem Niveau der Grenzproduktivität erfolgt in einer Volkswirtschaft durch alle Betriebe hindurch.

4. Das Gesetz vom abnehmenden Ertrag als empirisches Gesetz

Das Gesetz vom abnehmenden Ertrag ist als empirisches Gesetz in die Nationalökonomie eingegangen, d. h. man konstatierte sein Vorhandensein auf Grund der wirtschaftlichen und technischen Daten, ohne eine logische Begründung für die abnehmende Tendenz selbst zu geben. Unter den Vertretern einer abnehmenden Ertragstheorie vertritt insbesondere Böhm-Bawerk ausdrücklich den empirischen Charakter seiner Theorie von der abnehmenden Mehrergiebigkeit der Produktionsumwege[8].

5. Die dynamischen Voraussetzungen des Gesetzes vom abnehmenden Ertrag

Wenn auch die Theorie von der Grenzproduktivität mit der Voraussetzung einer stationären Technik verbunden ist, so besagt doch dieses

---

[6] R. *Liefmann,* Grundsätze der Volkswirtschaftslehre I Bd. Stuttgart u. Berlin 1919, S. 411 ff.

[7] Vgl. hierzu auch *Zwiedineck:* „Das gesamte Prinzip der Wahl der Produktionsrichtung wirkt nun in der Richtung, daß, solange der Grenzertrag in einem Produktionszweig höher steht als in anderen, diesem Produktionszweig immer noch weitere Produktionsenergie zuströmt, bis infolge des größeren Angebotes die Preiswirkung für das Produkt (wohl auch gleichzeitig die Steigerung der Kostengüterpreise) und damit das Sinken des Grenzertrages eintritt. Es besteht danach also eine Tendenz der Produktionsentwicklung in der Richtung eines beständigen Ausgleiches der Grenzerträge in allen Produktionszweigen." v. Zwiedineck-Südenhorst, Allgemeine Volkswirtschaftslehre, Heidelberg 1948, S. 152.

[8] *Böhm-Bawerk,* Kapital und Kapitalzins, Positive Theorie, insbesondere Bd. II, S. 1 ff.

statische Element allein noch nicht, daß die übrigen Voraussetzungen dieser Theorie statisch sein müssen. Vielmehr sind in der Theorie der Grenzproduktivität statische und dynamische Voraussetzungen nebeneinander enthalten.

Das Gesetz vom abnehmenden Ertrag basiert auf der dynamischen Voraussetzung, daß sich die Quantitäten der Produktionsfaktoren ändern. Sonst wäre es nicht möglich, daß der eine Produktionsfaktor vermehrt bzw. ein anderer Produktionsfaktor relativ vermindert wird, so daß sich die Relation der Produktionsfaktoren untereinander verschiebt. In einer statischen Wirtschaft muß man auch die Mengen der Produktionsfaktoren als gegeben betrachten und für eine Dynamik, die durch eine Veränderung dieser Quantitäten erfolgt, wäre in einer solchen Wirtschaft kein Raum.

Das Gesetz vom abnehmenden Ertrag bringt eine Tendenz zum Ausdruck, die auch im Falle einer Veränderung der Technik wirksam wird; nur wird im Falle einer Änderung der Technik diese Tendenz noch durch andere Tendenzen überlagert, und kann deshalb nicht in ihrer ureigensten Form in Erscheinung treten. Um deshalb die reine Auswirkung des Gesetzes vom abnehmenden Ertrag herausstellen zu können, erscheint es notwendig, von den dynamischen Faktoren, die durch Veränderungen in der Technik hereingetragen werden, zu abstrahieren.

IV. Der Grenzertrag

1. Die Abgrenzung des Ertragsbegriffes

Das Gesetz vom abnehmenden Ertrag bezieht sich nicht auf die *individuelle* Leistung eines Produktionsfaktors, sondern auf das Produkt der *gemeinsamen* Leistung. Das Produkt der gemeinsamen Leistung läßt relativ nach, wenn ein Produktionsfaktor einseitig vermehrt wird. Der von einem Produktionsfaktor abhängige Produktionserfolg wird dadurch ermittelt, daß der Ertrag vor der Vermehrung des in Frage kommenden Produktionsfaktors und der Ertrag nach seiner Vermehrung miteinander verglichen werden. Der auf diesem Wege der Differenzmethode ermittelte Produktzuwachs wird dem vermehrten Produktionsfaktor zugerechnet. Er erscheint rein wirtschaftlich-rechnerisch gesehen durch ihn verursacht, da er von dem Vorhandensein der zusätzlich aufgewendeten Einheiten abhängt. Das bedeutet jedoch keineswegs, daß der Differenzertrag durch die zusätzlich aufgewendeten Produktionseinheiten verursacht worden ist. Die Verursachung im kausalen Sinne und die wirtschaftliche Zurechnung auf Grund der Differenzmethode sind zwei verschiedene Dinge.

Wenn wir in der Folge davon ausgehen, daß der Ertragszuwachs der zusätzlich aufgewendeten Produktionsmitteleinheit zuzurechnen ist, so erhebt sich in diesem Zusammenhang eine weitere Frage. Wir hatten gesehen, daß auf den Einsatz der zuletzt aufgewendeten Einheit eines Produktionsfaktors unter der Voraussetzung des ceteris paribus ein geringerer Ertrag entfällt als auf die früher aufgewendeten Produktionsmitteleinheiten. Es ist nun die Frage, ob bei der Bestimmung der Höhe des Grenzertrages der Durchschnittsertrag, der ebenfalls sinkt, oder der letzte Ertrag zugrunde gelegt werden soll. Ein Beispiel möge zeigen, was hierbei gemeint ist.

Nehmen wir an, daß ein Landwirt zwei Knechte beschäftigt, die gleich fleißig und geschickt, und somit in ihrer Arbeitsleistung gleichwertig sind. Den einen dieser Knechte beschäftigt der Landwirt u. a. damit, daß er ihn ein Stück Land bebauen läßt, für dessen Bearbeitung der Knecht 100 Arbeitsstunden aufwendet, und das einen Ertrag von 200 Ztr. Kartoffeln abwirft. Von diesen 200 Ztr. möge der Landwirt 100 Ztr. jährlich für Pacht, Erneuerung seines Gerätes und seine eigene Mühewaltung in Abzug bringen, so daß für den Arbeitseinsatz von 100 Arbeitsstunden ein Ertrag von 100 Ztr. verbleibt. Nun steigert der

IV. Der Grenzertrag

Landwirt die Arbeitsleistung auf diesem Grundstück dadurch, daß er auch den zweiten Knecht noch 20 Stunden zusätzlich auf diesem Landstück arbeiten läßt, so daß insgesamt 120 Arbeitsstunden aufgewendet werden. Dabei möge der Landwirt nunmehr einen Gesamtertrag von 210 Ztr. erzielen, von dem auf die Arbeitsleistung 110 Ztr. entfallen. Es erhebt sich nun die Frage, wie der für die Arbeitsleistung verbleibende Ertrag von 110 Ztr. zu verrechnen ist. Von der Entscheidung darüber hängt die Bewertung der Arbeitsleistung ab.

An sich hat der Landwirt für die Verrechnung des Produktes auf die Arbeitsstunde drei Möglichkeiten:

a) Er kann die geleisteten Arbeitsstunden in zwei Gruppen teilen und dabei die ersten 100 Arbeitsstunden, auf die bisher erzielten 100 Ztr. Kartoffeln beziehen, und die zusätzlichen aufgewendeten 20 Arbeitsstunden auf den zusätzlichen Ertrag von 10 Ztr. Er wird sich dann bei den ersten 100 Arbeitsstunden einen Ertrag von 1 Ztr. je Arbeitsstunde errechnen und bei den zuletzt aufgewendeten 20 Arbeitsstunden einen Ertrag von einem halben Ztr. je Arbeitsstunde. Da jedoch die letzten 20 Arbeitsstunden die gleiche Mühe bereitet haben wie die ersten 100 Arbeitsstunden, wird es ihm nicht opportun erscheinen, so zu rechnen.

b) Es ergibt sich als zweite Möglichkeit die einfache Überlegung, die Anzahl der Zentner, die insgesamt auf die Arbeitsleistung entfallen, durch die Zahl der Arbeitsstunden zu teilen und so den Durchschnittsertrag der Arbeitsstunde zu ermitteln. Es würden in diesem Falle auf die Arbeitsstunde 0,92 Ztr. entfallen. Diese Möglichkeit hat zwar zunächst etwas Bestechendes, wird aber nicht der Tatsache gerecht, daß gerade von dem zur Diskussion stehenden Einsatz, nämlich vom Grenzaufwand ein Ertrag von nur einem halben Ztr. je Arbeitsstunde abhängt, und somit bei der Entscheidung über den Ertrag der letzten 20 Arbeitsstunden ein höherer Ertrag (= Durchschnittsertrag) zugrunde gelegt werden würde, als er tatsächlich in Erscheinung tritt.

c) Schließlich ist noch eine dritte Möglichkeit gegeben: Die letzten 20 Arbeitsstunden sowie der zusätzliche Ertrag von 10 Ztr. werden zueinander in Beziehung gesetzt, und der sich hieraus ergebende Ertrag von einem halben Ztr. je Arbeitsstunde wird als allgemeiner Satz für die Bewertung *sämtlicher* Arbeitsstunden zugrunde gelegt. Dieses ist die im Sinne der Lehre von der Grenzproduktivität richtige Lösung, denn, da diese 20 Arbeitsstunden, über deren Einsatz der Landwirt die Entscheidung treffen muß, in ihrer Qualität den zuerst aufgewendeten Arbeitsstunden nicht nachstehen, wird der Landwirt keine Veranlassung sehen, irgendeine geleistete Arbeitsstunde höher einzuschätzen, als diese letzten Arbeitsstunden, die ihm einen Ertrag von einem halben Ztr. je Stunde erbringen. Dieses insbesondere auch deshalb, da er eine Stunde gegen die andere austauschen kann. Man würde so in strenger Konsequenz der Auffassung entsprechen, daß der Ertrag der zuletzt aufgewendeten Produktionsmitteleinheit maßgebend ist für die Erträge sämtlicher Einheiten dieses Produktionsfaktors.

Es erhebt sich dann allerdings die Frage, wie die verbleibenden 50 Ztr. (110—60) zu verrechnen sind. Diese Ertragsdifferenz wird nun den übrigen am Produkt beteiligten Produktionsfaktoren zugerechnet werden. Das Sinken der Grenzproduktivität des Faktors Arbeit in unserem Falle führt zu einer Erhöhung der zugerechneten Produktivität der übrigen am Ertrag beteiligten Produktionsfaktoren. Vergleiche in diesem Zusammenhang die untenstehende graphische Darstellung, die einer Abhandlung von J. B. Clark entnommen ist[1].

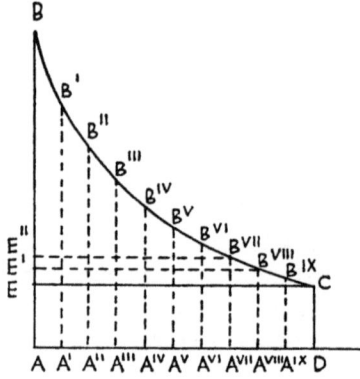

Die Kurvenlinie BC zeigt die fallende Tendenz der Grenzproduktivität des Faktors Arbeit an bei einseitiger Vermehrung dieses Faktors durch die sukzessive Hinzufügung von Arbeitern in den Produktionsprozeß. Zuerst arbeitet nur ein Arbeiter, dann zwei, dann drei, dann vier, usw... Die Arbeitskräfte selbst sind auf der Abszisse AD eingetragen. Die auf die Kurvenlinie aufgetragenen Punkte $B_1 B_2$ usw. stellen durch die Höhe ihres Abstandes zur Grundlinie den Wert des jeweiligen Grenzproduktes dar. Um den Anteil der Arbeit am Gesamtprodukt festzustellen, muß man jeweils von dem entsprechenden Punkt B aus eine Senkrechte auf die Ordinate fällen. Das Rechteck aus dem Produkt dieser Senkrechten und dem entsprechenden Abschnitt der

---

[1] J. B. *Clark*, The Distribution of Wealth, New York und London 1924, S. 328.

Grundlinie stellt jeweils den Anteil des Faktors Arbeit am Produkt dar. Er entspricht in unserer Darstellung dem Rechteck AECD[2].

Die Differenz zwischen diesem Rechteck und der Gesamtfläche, d. h. die Fläche EBC wird der Mitwirkung der übrigen Produktionsfaktoren zugerechnet. Diese Fläche entspricht jedoch nicht der *gesamten* zugerechneten Mitwirkung der übrigen beteiligten Produktionsfaktoren, sondern stellt nur einen Teil dieser Mitwirkung dar. Sie entspricht in unserem Beispiel dem Betrag von 50 Ztr. (110—60). Wie wir uns jedoch erinnern, war noch der Betrag von 100 Ztr. da, den wir von vornherein der Mitwirkung der übrigen Produktionsfaktoren zugerechnet hatten. Dieser Betrag muß mit berücksichtigt werden, wenn man die Größe des *Gesamtproduktes* feststellen will. Wir können deshalb der Auffassung nicht zustimmen, die z. B. auch Landauer vertritt, nach der die Fläche EBC Ausdruck für die Mitwirkung der übrigen Produktionsfaktoren am Produkt schlechthin ist. So sagt Landauer in diesem Zusammenhang: „Die Fläche E_6B_1C (unsere Fläche EBC. Der Verfasser) stellt den Anteil der übrigen Produktionsfaktoren dar. Dies ergibt sich aus der Tatsache, daß diese Fläche den Rest des Gesamtproduktes bedeutet, der nach Abzug des Anteiles des ersten Produktionsfaktors übrigbleibt[3]."

Diese Auffassung wird der Tatsache nicht gerecht, daß an der Entstehung des Produktes — gleich ob mit einem oder mehreren Arbeitern — schon von vornherein auch die übrigen Produktionsfaktoren mitgewirkt haben, auch wenn wir sie von einem bestimmten Punkt an als konstant betrachten. Das bedeutet, daß auch die Strecke AB nicht das *gesamte* Produkt beim Einsatz eines Arbeiters darstellt, sondern nur den zugerechneten Anteil, der auf die Mitwirkung des Faktors Arbeit am Produkt entfällt. Das Problem wird besonders deutlich, wenn man die graphische Darstellung variiert und an Stelle des Faktors Arbeit den Faktor Kapital einsetzt. Man wird dann sofort geneigt sein, die Mitwirkung der übrigen Produktionsfaktoren schon von Anbeginn der Produktion vorauszusetzen.

2. Die Frage des Ertragsoptimums

Nach der Darstellung des Gesetzes vom abnehmenden Ertrag hat der physische Ertrag bei der einseitigen Vergrößerung eines Produktionsfaktors zunächst die Tendenz, vom Nullpunkt ausgehend mit einer jeden weiteren Vergrößerung dieses Produktionsfaktors im Verhältnis zur

---

[2] Vgl. hierzu auch die Ausführungen von *Landauer* und *Samuelson*, die in Anlehnung an die Darlegung von Clark erfolgen. Landauer, Theorie der Verteilung in: Wirtschaftstheorie der Gegenwart, Wien 1928, S. 17. Samuelson, a. a. O., S. 551 ff.
[3] *Landauer*, a. a. O., S. 18.

Aufwandseinheit zuzunehmen, bis ein bestimmtes Optimum erreicht ist. Nach Erreichung dieses Optimums fällt der Ertrag mit einer jeden weiteren Vermehrung des Produktionsfaktors im Verhältnis zur aufgewendeten Einheit ab. Soweit die übliche Darstellung. Diese Formulierung, die zunächst so einfach scheinen mag, gibt doch zu einer Reihe von Fragen Anlaß. Zunächst ergibt sich in diesem Zusammenhang die Frage, ob es eine optimale Kombination der Produktionsfaktoren gibt, bei der das Verhältnis von Aufwand zur Leistung am günstigsten liegt. Dieses Problem tritt sowohl in jedem einzelnen Betrieb auf als auch in einer Volkswirtschaft im ganzen in bezug auf die Anteile der Produktionsfaktoren in ihrer Gesamtheit am Sozialprodukt.

Bei der Beurteilung der optimalen Kombination sind grundsätzlich zwei Möglichkeiten gegeben. Es kann eine optimale Kombination im technischen oder eine optimale Kombination im wertmäßigen Sinne gemeint sein. Zu beiden Möglichkeiten müssen wir Stellung nehmen.

Eine Kombination im Sinne eines optimalen technischen Aufwandes der Produktionsfaktoren kann es nicht geben, da keine Möglichkeit besteht, den Aufwand der Produktionsfaktoren mit einem *einheitlichen technischen* Maßstab zu messen, anders ausgedrückt, ihn auf einen gemeinsamen Nenner zu bringen. Wir können kein Urteil darüber abgeben, ob es im physisch-technischen Sinne günstig ist, zur Herstellung eines bestimmten Erzeugnisses eine gerade so große Menge an Arbeit, eine so große Menge an Kapital und eine so große Menge an Rohstoffen aufzuwenden, und wir können nicht sagen, ob es im Sinne einer physisch-technischen Produktivität günstig wäre, diese Relation zu verändern, da wir einen technisch-physischen Vergleich der Leistungen zwischen den verschiedenen Produktionsfaktoren nicht durchführen können. Alle Bemühungen, die darauf abzielen, eine solche günstigste Relation der Produktionsfaktoren im technischen Sinne zu finden, müssen deshalb von vornherein zum Scheitern verurteilt sein. Ebenfalls halten alle Äußerungen in der Literatur, die unbeschwert von Bedenken von einer optimalen Kombination im technischen Sinne sprechen, einer genaueren Kritik nicht stand.

Wenn es aber, wie wir gesehen haben, eine optimale Kombination im technischen Sinne nicht geben kann, bleibt die Frage, ob es eine solche im wertmäßigen Sinne gibt. Hier müssen wir zunächst unterscheiden zwischen einer optimalen Kombination im absoluten Sinne, d. h. einer Kombination, die immer und unter allen Umständen Gültigkeit hat, und einer solchen im relativen Sinne. Wir können nur eine kostenmäßige beziehungsweise wertmäßige Beurteilung auf Grund der in einer Wirtschaft (zufällig) bestehenden Preisverhältnisse vornehmen, indem wir jeden Aufwandsposten geldmäßig bewerten, und diejenige Kombina-

IV. Der Grenzertrag

tion wählen, die sich kostenmäßig am günstigsten stellt. Wir sind uns jedoch darüber klar, daß es sich hierbei nur um eine Bewertung nach relativen Maßstäben handeln kann und nicht um eine Bewertung, die unter allen Umständen in unveränderter Weise Gültigkeit hätte. Eine Bewertung im absoluten Sinne würde feste und unveränderliche Wertmaßstäbe voraussetzen, die für jede Wirtschaft und in jeder Situation Geltung hätten. Daß solche absoluten Wertmaßstäbe nicht bestehen, liegt auf der Hand.

Aber auch eine auf Grund der bestehenden Preisverhältnisse, d. h. kostenmäßig gefundene optimale Kombination ist nicht eine von der jeweiligen Grenzproduktivität unabhängige Größe, nach der die Grenzproduktivität orientiert werden kann. Wer das glaubt, der läuft Gefahr, einen Zirkelschluß zu begehen, denn da die Preise der Kostenfaktoren selbst sich nach der Grenzproduktivität richten, und die Höhe der Grenzproduktivität wiederum von der mengenmäßigen Relation der Produktionsfaktoren abhängt, setzt man als bestimmend voraus, was eigentlich bestimmt werden sollte. Man sagt letztlich nichts anderes aus, als daß die jeweils bestehende Relation der Produktionsfaktoren deshalb die günstigste ist, weil man bei der Frage nach der optimalen Kombination sie als Richtmaß nimmt. Ein Kostenvergleich in einer Wirtschaft mit einem relativ starken Arbeitsangebot wird ganz anders ausfallen als in einer kapitalintensiven Wirtschaft. Es ist klar, daß viele Produktionsvorgänge, die in einer arbeits-intensiven Wirtschaft von Hand ausgeführt werden, in einer kapital-intensiven Wirtschaft mit hohen Arbeitslöhnen nicht von Hand, sondern durch Maschinenkraft ausgeführt werden müssen, damit kostenmäßig billig produziert wird.

Ein Vergleich zwischen den verschiedenen Ländern oder noch besser zwischen den verschiedenen Kontinenten zeigt, wie unterschiedlich die mengenmäßige Relation der Produktionsfaktoren bei ihrer Beteiligung am wirtschaftlichen Produktionsprozeß gegeben ist. Während in Asien und Afrika die Arbeitskraft mit ihrem mengenmäßigen Anteil an der Produktionsleistung dominiert, ist in Nordamerika und Europa das Kapital in starkem Maße am Produktionsprozeß beteiligt. Deshalb werden Arbeitsvorgänge, die in Europa und Nordamerika schon längst mit der Maschine durchgeführt werden, in Asien und Afrika noch überwiegend manuell geleistet. Entsprechend ist auch die Grenzproduktivität des Faktors Arbeit in Asien und Afrika verhältnismäßig sehr gering, und der Preis für die Arbeitskräfte außerordentlich niedrig. Man wird deshalb hier wirtschaftlich richtig handeln, wenn man die Arbeitskraft als billigen Produktionsfaktor entsprechend stark im Produktionsprozeß einsetzt. Gäbe es eine optimale Kombination der Produktionsfaktoren im wertmäßig absoluten Sinne, so müßte in jeder Wirtschaft die Tendenz dahin gehen, diese Kombination zu erreichen und die Zusammensetzung dieser Kombination wäre feststehend und unabhängig von den jeweiligen wirtschaftlichen Gegebenheiten.

Zusammenfassend können wir auf Grund der vorhergehenden Überlegung feststellen, daß es erstens eine optimale Kombination im technischen Sinne nicht gibt, daß es zweitens wohl eine optimale Kombination im wirtschaftlichen Sinne gibt, jedoch nur als relative Erscheinung auf Grund der in einer Wirtschaft gerade bestehenden Preise der Produktionsfaktoren. Eine optimale Kombination im absoluten Sinne kann es jedoch nicht geben, da die Preise der Produktionsfaktoren nicht einheitlich und unveränderlich sind, sondern von der jeweiligen Höhe der Grenzproduktivität her bestimmt werden.

Nachdem wir gesehen haben, daß eine optimale Kombination im absoluten Sinne nicht besteht, bleibt als nächstes die Frage zu klären, ob und wieweit für den *einzelnen Produktionsfaktor* ein Optimum seines Einsatzes im physisch-technischen Sinne möglich ist. Bekanntlich wird in der Literatur im Zusammenhang mit dem Gesetz vom abnehmenden Ertrag übereinstimmend die Ansicht vertreten, daß bei der einseitigen Vermehrung eines Produktionsfaktors der Ertragszuwachs die Tendenz hat, bis zur Erreichung eines Optimums je zugeführter Einheit anzusteigen und dann nach Überschreitung dieses Optimums abzufallen. Da der einzelne Produktionsfaktor in einem Kombinationsverhältnis zu den übrigen Produktionsfaktoren steht, ist das Optimum seines Aufwandes abhängig von der jeweils bestehenden Relation der Produktionsfaktoren. Ändert sich innerhalb der übrigen Produktionsfaktoren das mengenmäßige Verhältnis, so ändert sich auch damit für den ins Auge gefaßten Produktionsfaktor die Situation, und sein Optimum wird sich entsprechend verschieben. So wird z. B. bei einer Vermehrung der übrigen Produktionsfaktoren sein Optimum entsprechend hinausgeschoben werden. Man kann demnach aus dem Vorhergehenden den Schluß ziehen, daß für einen Produktionsfaktor das ertragsmäßige Optimum seines mengenmäßigen Einsatzes nur bei einer *konstant* bleibenden Menge der übrigen Produktionsfaktoren in unveränderter Weise besteht. Ändert sich das Verhältnis der Quantitäten der übrigen Produktionsfaktoren, so ändert sich auch der Punkt auf der Skala, auf den sein Optimum fällt. Es gibt somit für *einen jeden Produktionsfaktor so viele verschiedene Optima, wie viele verschiedene mengenmäßige Kombinationen der übrigen Produktionsfaktoren gegeben sind. Jede neue Situation bedingt ein anderes Optimum.*

V. Kausalität oder Abhängigkeit?

Bei der Prüfung der Frage, wie die Grenzproduktivität festzustellen ist, beziehungsweise, welcher Teil des Produktes der Grenzleistung zuzurechnen ist, ist die Nationalökonomie nicht von der *Kausalität* ausgegangen, sondern vom Prinzip der *Abhängigkeit*. Dieser Satz verdient festgehalten zu werden, da er von grundlegender Bedeutung ist.

Eine Kausalität im Sinne einer effektiven Verursachung läßt sich bei der Ermittlung der Grenzproduktivität nicht feststellen. Es läßt sich nicht feststellen, welcher Teil des Produktes auf die Einwirkung eines bestimmten Produktionsfaktors bzw. einer bestimmten Teilmenge des betreffenden Produktionsfaktors zurückzuführen ist. Darüber gibt es in der Theorie keine Meinungsverschiedenheit[1].

Wohl aber läßt sich jeweils eine Abhängigkeit konstruieren in der Weise, daß man einem Aufwand auf der einen Seite einen entsprechenden Ertragszuwachs auf der anderen Seite gegenüberstellen kann.

Die Theorie der Grenzproduktivität stellt somit der Kausalität die Abhängigkeit gegenüber. Bei allen Vertretern der Grenzproduktivitätstheorie stoßen wir auf den Begriff der Abhängigkeit, und die Beziehung, die in diesem Zusammenhang zwischen Aufwand und Ertrag festgestellt wird, wird ausdrücklich als Abhängigkeit bezeichnet.

Die Abhängigkeit selbst wird dabei nach dem Verlustprinzip[2], beziehungsweise nach der Differenzmethode ermittelt. In Anwendung der Differenzmethode verfährt die Nationalökonomie zum Zwecke der Errechnung des Anteils, der der Mitwirkung eines Produktionsfaktors zugerechnet werden soll, in der Weise, daß sie die Produktgröße *vor* der Hinzufügung der in Frage kommenden Produktionsfaktoreinheit und *nach* der Hinzufügung dieser Einheit vergleicht und den Differenz-

---

[1] Vgl. hierzu auch *Wicksell:* „Und immer noch gilt hier, daß der totale Beitrag zur Produktion, den jedes besondere Produktionselement zustande bringt, sich a priori nicht feststellen läßt, ja begriffsmäßig nicht einmal existiert." Wicksell, Vorlesungen über Nationalökonomie, Jena 1913, S. 217.

[2] Das Verlustprinzip, welches von der Frage ausgeht, welcher Nutzen verlorengeht, wenn das betreffende Gut, in unserem Falle die in Frage stehende Produktionsmittelmenge nicht vorhanden wäre, wird vornehmlich von Menger und Böhm-Bawerk und im Anschluß an sie von einer Reihe weiterer Nationalökonomen angewandt. Wieser lehnt das Verlustprinzip als methodisches Mittel ab. Böhm-Bawerk weist jedoch nach, daß Wieser genaugenommen selbst auch nichts anderes tut, als nach diesem Prinzip verfahren. Vgl. hierzu *Böhm-Bawerk*, Positive Theorie des Kapitals, 2. Bd., Jena 1921, S. 140 ff.

ertrag der hinzukommenden Einheit des vermehrten Produktionsfaktors als von ihr abhängig zuschreibt. Dieser Ertrag ist zwar von dem Einsatz der Einheit des betreffenden Produktionsfaktors abhängig, er ist aber nicht von ihm verursacht. Der zusätzliche Ertrag kann schon allein deshalb nicht von der zuletzt aufgewendeten Faktoreinheit verursacht sein, weil diese nicht für sich allein arbeitet, sondern in ein Mischungsverhältnis zu den übrigen Produktionsfaktoren tritt und im Verein mit ihnen an dem Zustandekommen des neuen Produktes wirkt. Wenn wir z. B. annehmen, daß in einer Fabrik mit 100 Arbeitern 10 weitere Arbeiter eingestellt werden und dadurch eine entsprechende Produktionserhöhung eintritt, so wird man geneigt sein, den Mehrertrag der Leistung der 10 Arbeiter zuzurechnen. Hätte man die 10 Arbeiter nicht eingestellt, so wäre logischerweise der Ertragszuwachs nicht erfolgt. Der Mehrertrag ist aber keineswegs lediglich durch die Tätigkeit der 10 neuen Arbeiter zustande gekommen, sondern an seiner Entstehung sind ebenfalls die übrigen Produktionsfaktoren mit beteiligt, da die 10 neu eingestellten Arbeiter nicht mit bloßen Händen im freien Gelände produziert haben, sondern die bereits vorhandenen Anlagen, Maschinen, Werkzeuge usw. mitbenutzt haben und somit ihre Arbeitsleistung mit den übrigen Produktionsfaktoren kombiniert haben. Nicht nur mit den korrespondierenden anderen Produktionsfaktoren ist ihre Arbeit kombiniert worden, sondern auch mit dem bereits vorhandenen Faktor Arbeit. Die Meister, Kontrolleure, die Angestellten im Büro usw. haben die Arbeit der neu angestellten Arbeiter in ihre Aufsichts- und Verwaltungstätigkeit mit einbezogen. Das Hinzukommen der 10 neuen Arbeiter bedingte also eine neue Kombination der beteiligten Produktionsfaktoren, von der alle am Produkt wirkenden Faktoren miterfaßt werden.

Da an dem neuen Gesamtprodukt alle Faktoren mitgewirkt haben, ist die Entstehung einer jeden Produkteinheit durch das gemeinschaftliche Zusammenwirken aller Produktionsfaktoren verursacht worden. Trotzdem wird der Produktzuwachs in der Gestalt des Grenzertrages dem zuletzt aufgewendeten Faktoreinsatz als von ihm abhängig zugerechnet, da von seinem Vorhandensein oder Nichtvorhandensein der zusätzliche Ertrag abhängig erscheint. Kausalität und Abhängigkeit sind keineswegs identisch, sondern zwei verschiedene Dinge. Sie dürfen nicht miteinander verwechselt werden.

Was ist unter Abhängigkeit in unserem Zusammenhang zu verstehen? Die Zurechnungstheorie, die sich auf das Prinzip der Abhängigkeit stützt, geht von der Mengerschen Theorie der komplementären Güter aus.

Im Sinne dieser Theorie sind die Produktionsfaktoren im Hinblick auf das zu erzielende Produkt komplementär. Fehlt einer der Produk-

V. Kausalität oder Abhängigkeit? 57

tionsfaktoren, so kommt entweder das Produkt überhaupt nicht zustande oder nicht in der Größe und Qualität, wie es zustande gekommen wäre, wenn alle Produktionsfaktoren mitgewirkt hätten. Wenn man zum Beispiel einen landwirtschaftlichen Ertrag erzielen will, so muß man zum mindesten die menschliche Arbeit mit dem Grund und Boden kombinieren. Fehlt einer dieser beiden Faktoren, kommt der Ertrag nicht zustande. Von dem Vorhandensein eines jeden Produktionsfaktors hängt deshalb das Zustandekommen des Produktes in der gewünschten Form ab. Man kann dabei einen jeden Faktor in die Rolle des „Schlußstückes" versetzen, indem man annimmt, daß er fehlt und überlegt, welchen Einfluß sein Fehlen auf das Zustandekommen des Produktes auslöst. Bei der Zurechnung wird dem als „Schlußstück" hinzukommenden letzten Faktor der Teil zugerechnet, der der Differenz entspricht zwischen dem Gesamtprodukt und dem Rumpfprodukt, das aus den übrigen Produktionsfaktoren ohne Mitwirkung des letzten Faktors gebildet wird.

Diese Regel, die für das Zusammenwirken der Produktionsfaktoren schlechthin gilt, gilt in derselben Weise auch für die Mitwirkung von Teilmengen eines Produktionsfaktors, also auch dann, wenn ein Faktor bereits an einem Produktionsvorgang beteiligt ist und noch weitere Teilmengen dieses Faktors im Produktionsprozeß zum Einsatz gelangen. In diesem Falle ist von der bisherigen Produktionsmittelmenge zuzüglich der zusätzlich aufgewandten Produktionsmittelmenge ein neues in der Regel größeres Produkt abhängig. Die zusätzlich aufgewendete Produktionsmittelmenge erscheint im Hinblick auf das neue Gesamtprodukt komplementär, da von ihrem Einsatz das Zustandekommen des neuen Gesamtproduktes in der neuen Größe abhängt. Wenn der zusätzliche Produktionsmitteleinsatz nicht erfolgt wäre, so würde das Produkt nur in seiner bisherigen Größe zustande kommen. Von dem Einsatz der zusätzlichen Produktionsmittelmenge hängt die Differenz zwischen dem bisherigen und dem neuen größeren Produkt ab. Entsprechend erfolgt die Zurechnung. Analog erfolgt die Anwendung dieser Überlegung auf die Theorie der Grenzproduktivität, indem man den Grenzeinsatz als komplementär im Hinblick auf das neue angestrebte Gesamtprodukt betrachtet.

Ist die auf Grund der Abhängigkeit ermittelte Beziehung mit Produktivität gleichzusetzen? Das ist die zentrale Frage in diesem Zusammenhang. Die Beantwortung dieser Frage hängt im wesentlichen davon ab, wie man den Begriff der Produktivität selbst auffaßt. Wenn man von der Voraussetzung ausgeht, daß unter Produktivität das *Verhältnis von Ursache und Wirkung* innerhalb des Produktionsprozesses zu verstehen ist, in der Weise, daß die Ursache in der Einwirkung des Produktionsfaktors auf den Produktionsprozeß und die Wirkung in dem aus dieser Einwirkung resultierenden Produkt bzw. Produktteil zu suchen ist, dann kann man einer Auffassung nicht zustimmen, die unter Produktivität die auf Grund der Abhängigkeit begründete Beziehung zwischen Aufwand und Ertrag versteht. Ist es doch offensichtlich, daß eine auf der Abhängigkeit begründete Beziehung keinen Kausalzusammenhang zwischen der Wirkung der Produktionsfaktoren und dem Zustandekommen des Produktes bedeutet. Dann wird aber auch eine Lösung des Problems der Grenzproduktivität für die Nationalökonomie unmöglich, und eine Theorie der Grenzproduktivität, die auf dem Prinzip der Abhängigkeit beruht, muß von vornherein zum Scheitern verurteilt sein, da ihr die Legitimation fehlt, über eine Produktivitätsbeziehung etwas auszusagen.

Stellt man sich hingegen auf den Standpunkt, daß es für die Zwecke der Theorie der Grenzproduktivität ausreicht, der Aufwendung einer Produktionsfaktormenge den entsprechenden Produktzuwachs als von ihr abhängig zuzurechnen, hat man zwar einen Weg gefunden, um die Tatsache des Faktoreinsatzes auf der einen Seite mit dem Erscheinen eines Produktzuwachses auf der anderen Seite zu verbinden. Es ist aber zum mindesten fraglich, ob es glücklich ist und logisch richtig, diese Beziehung als Produktivität zu bezeichnen. Genau genommen sollte man nicht von einer *Grenzproduktivität,* sondern von einer *Grenzabhängigkeit* sprechen. Manche Mißverständnisse würden dann von vornherein aus dem Weg geräumt, und es wird jeder, der mit der Vorstellung einer echten (kausalen) Produktivität an die Probleme herangeht, nicht immer wieder vor einem unlösbaren Widerspruch stehen, wenn die auf den verschiedenen Produktivitätsauffassungen beruhenden Ergebnisse auseinandergehen. Wenn man sich immerhin auf Grund des bestehenden Usus, der von der Grenzproduktivitätstheorie hereingetragen worden ist, dazu entschließt, die auf der Abhängigkeit begründete Beziehung als Produktivität zu bezeichnen, so muß man sich auf jeden Fall darüber klar sein, daß diese Art der Produktivitätsauffassung nicht gleichbedeutend ist mit der Produktivität, die sich auf dem Kausalprinzip gründet. Wir müssen somit genaugenommen unterscheiden zwischen verursachter (kausaler) Produktivität und „zugerechneter" Produktivität.

Die Ergebnisse, die nach dem Prinzip der Abhängigkeit im Zuge der Zurechnung ermittelt werden und die Ergebnisse, die auf der Verursachung innerhalb des Produktionsprozesses entstehen, sind nicht identisch. Das Prinzip der Abhängigkeit richtet sich nach Gegebenheiten der gesamtwirtschaftlichen Situation, die keineswegs auf dem Produktionsprozeß als solchen beschränkt bleiben, sondern — und das erscheint in diesem Zusammenhamg wichtig — auch durch außerhalb des Produktionsprozesses liegende Tatsachen bestimmt werden. So allein sind Urteile im Rahmen der Zurechnung zu erklären, die, ohne daß der Produktionsvorgang selbst und die im Produktionsvorgang beteiligten Faktoren verändert werden, auf Grund von außerhalb dieses Produktionsvorganges liegenden Erscheinungen Änderungen in der Zurechnung auf die einzelnen beteiligten Produktionsfaktoren vornehmen[3].

So erklärt es sich, daß z. B. in einem Gebiet in dem noch genügend freier Grund und Boden unerschlossen zur Verfügung steht, der landwirtschaftliche Ertrag allein dem Faktor Arbeit und dem beteiligten Kapital zugerechnet wird, obwohl am Zustandekommen des Produktes der Grund und Boden genauso mitwirkt wie die übrigen Produktionsfaktoren. Wir nehmen dabei an, daß der noch freie Grund und Boden von nicht minderer Qualität ist als der bereits in der Bearbeitung befindliche. Ändert sich nun in der betreffenden Volkswirtschaft die Situation in der Weise, daß der gesamte Grund und Boden in die Bearbeitung einbezogen wird und kein freier Grund und Boden mehr zur Verfügung steht, so wird man nunmehr geneigt sein, auch dem Grund und Boden einen Anteil am Zustandekommen des landwirtschaftlichen Produktes zuzurechnen. Dasselbe würde eintreten, wenn man gezwungen wäre, auf Böden schlechterer Qualität zurückzugreifen. Dann wäre man bereit, dem besseren Grund und Boden einen Anteil am Ertrag zuzurechnen, der genau der Differenz entspricht zwischen dem Ertrag des besseren und dem Ertrag des schlechteren Grund und Bodens. Auf ein ähnliches Beispiel hat bereits von Wieser hingewiesen. „Dem Acker größerer Fruchtbarkeit, welcher mit demselben Kostenaufwand einen größeren Ertrag erbringt als der anstoßende mindere Acker, wird der Mehrertrag praktisch ohne weiteres zugerechnet. In Wahrheit ist auch dieser Mehrertrag nicht vom besseren Acker allein hervorgebracht, sondern ist, wie die ganze Ernte, der Mitwirkung aller verbundenen Faktoren zu danken. Tatsächlich aber findet man sich unter den gegebenen Umständen nur vom Besitz des besseren Ackers abhängig, wenn man mehr Ertrag gewinnen will, und das praktische Interesse ist wohlberaten, wenn es ihm denselben ausschließlich zurechnet. Man führt damit diesen Teil der Früchte keineswegs allein auf ihn zurück, aber man rechnet sie ihm allein zu Wert an[4]."

Wenn wir nun weiter in einem konkreten Fall annehmen wollen, daß innerhalb einer Volkswirtschaft bei der Bearbeitung eines gegebenen

---
[3] Vgl. hierzu auch Preisers kritische Stellungnahme: „Ihr (= der Grenzproduktivitätstheorie) Hauptmangel liegt darin, daß sie die Einkommensverteilung primär als ein von natürlichen und technischen Momenten bestimmtes Phänomen ansieht und darüber die gesellschaftlichen Bedingungen vernachlässigt, unter denen die Einkommensverteilung vor sich geht." *Preiser*, Erkenntniswert und Grenzen der Grenzproduktivitätstheorie in: Bildung und Verteilung des Volkseinkommens, Göttingen 1957, S. 195.
[4] F. *v. Wieser*, Die Oesterreichische Schule und die Werttheorie, in: Gesammelte Abhandlungen, Tübingen 1929, S. 96.

V. Kausalität oder Abhängigkeit?

Landstückes auf Grund der Abhängigkeit jedem der beteiligten Produktionsfaktoren ein bestimmter Betrag zugerechnet wird, so werden wir wiederum feststellen müssen, daß sich das anteilmäßige Verhältnis der zugerechneten Beträge verändern wird in dem Moment, in dem im Zuge der Erschließung schlechterer Grund und Boden in die Produktion einbezogen wird. In diesem Falle wird der geringere Ertrag, den die Arbeit am minderwertigeren Grund und Boden erzielen kann, die Produktivität der Arbeit in ihrer Bewertung entsprechend herabsetzen und diese nunmehr niedrigere Bewertung der Produktivität der Arbeit wird auch maßgebend sein für die Zurechnung bei dem ins Auge gefaßten *ersten* Landstück. Es wird also die Produktivität der Arbeit und im Zusammenhang damit auch die Produktivität des Kapitals nunmehr geringer angesetzt werden als bisher, während umgekehrt die dem Grund und Boden zugerechnete Produktivität entsprechend höher veranschlagt werden wird.

Der analoge Fall würde eintreten, wenn in der Industrie durch den Einsatz von neuen Arbeitskräften (z. B. durch Zuwanderung ausländischer Arbeitskräfte) die Grenzproduktivität der Arbeit absänke. In diesem Falle wird auch an den Arbeitsplätzen, die durch das Hinzukommen der neuen Arbeitskräfte *nicht berührt werden*, die Zurechnung zuungunsten des Produktionsfaktors Arbeit verändert werden, indem je Leistungseinheit der Arbeit weniger Produkt zugerechnet werden wird als bisher. Wir ersehen daraus, daß die Zurechnung die Produktivität auch nach außerhalb des Produktionsprozesses gelegenen Daten beurteilt, während die Produktivität im Sinne einer kausalen Erscheinung nur die innerhalb des Produktionsprozesses selbst liegenden Beziehungen zwischen Ursache und Wirkung erfaßt. Die kausale Produktivität ist eine dem Produktionsprozeß *immanente* Erscheinung, während die „zugerechnete" Produktivität eine „beurteilte" Produktivität ist, die sich ändert, wenn sich die Daten für die Beurteilung ändern.

Als Ergebnis der obigen Überlegung können wir somit festhalten, daß die „zugerechnete" Produktivität nach anderen Gesichtspunkten als die kausale ermittelt wird und daß ferner die zugerechnete Produktivität sich ändern kann, *ohne* daß in dem physischen Vorgang des Produktionsprozesses selbst eine Veränderung eintritt. In diesem Falle, d. h. wenn sich die zugerechnete Produktivität aus Gründen ändert, die außerhalb des Produktionsprozesses liegen, kommt es auch entsprechend zu einer Verschiebung innerhalb der Größe der Anteile, die der produktiven Mitwirkung der einzelnen Produktionsfaktoren zugerechnet werden, *ohne* daß sich, wie gesagt, im Produktionsvorgang selbst etwas geändert hat. *Diese Regel gilt sowohl für die Zurechnung von*

V. Kausalität oder Abhängigkeit? 61

physischen Einheiten (vgl. die Zurechnung der Zentner Kartoffel im vorigen Kapitel) *als auch für die Zurechnung im wertmäßigen Sinne.*

Damit haben wir soweit vorgearbeitet, daß wir nun ein weiteres Problem aufgreifen können. Es handelt sich um die Frage, ob die Grenzproduktivität auch für die Höhe der Produktivität *sämtlicher* im Produktionsprozeß befindlichen Einheiten eines Produktionsfaktors bestimmend ist, so daß sich im Falle einer Änderung der Grenzproduktivität rückschließend auch die Produktivität sämtlicher übriger Einheiten eines Produktionsfaktors ändert. Man müßte diese Frage verneinen, wenn man nur die kausale Produktivität im Auge hätte, denn es wäre dann nicht zu begreifen, wieso die Produktivität auch an allen übrigen Stellen, die außerhalb des Grenzeinsatzes liegen, sich ändern sollte, nachdem doch die Produktionsursachen selbst nicht verändert worden sind. Hier zeigt es sich nun, wie wichtig es war, zwischen kausaler und zugerechneter Produktivität zu unterscheiden. Die zugerechnete Produktivität ändert sich, da sich die Voraussetzungen in der Beurteilung der Abhängigkeit geändert haben. Es ändert sich aber nicht die kausale Produktivität, da im Produktionsprozeß die Daten unverändert sind.

Ändert sich also die Grenzproduktivität, so wird entsprechend der Zurechnung rückschließend auch die Bewertung der Leistung der übrigen Einheiten eines Produktionsfaktors entsprechend geändert. Sinkt z. B. durch den Einsatz neuer Arbeitskräfte der Grenzertrag der Arbeit, so wird dabei auch die Bewertung der (zugerechneten) Produktivität der Arbeitsleistung an allen bisher schon besetzten Arbeitsplätzen sinken, denn der Arbeiter, der am Grenzprodukt arbeitet, kann ja, von Reibungsschwierigkeiten abgesehen, mit den Arbeitern an den übrigen Arbeitsplätzen ausgewechselt werden. Eine Differenzierung auf Grund der Rationalität der Einsätze der Faktoreinheiten selbst können wir ausschließen, wenn wir eine ausgeglichene Wirtschaft annehmen. *Das allein differenzierende Moment bleibt dann in der unterschiedlichen Ausstattung der Arbeitsplätze mit Maschinen, Einrichtungsgegenständen und Rohstoffen zu suchen und ist deshalb diesen anderen Produktionsfaktoren zuzurechnen.* Eine jede Verschlechterung der Grenzproduktivität der Arbeit muß deshalb zu einer relativen Verbesserung der Produktivität der übrigen am Produkt beteiligten Faktoren führen. Dieses ist die weitere Konsequenz, die sich aus dieser Auffassung ergibt.

Wir können deshalb auch nicht der Auffassung von Morgenstern zustimmen, der die Ansicht vertritt, daß erstens unterschiedliche Produktivitäten bei den Einheiten eines Produktionsfaktors nebeneinander infolge des Gesetzes vom abnehmenden Ertrag bestehen, und daß zweitens sich aus diesem Gefälle der Produktivitäten für den Unternehmer ein Profit ergibt, indem der Unternehmer die Faktoreinheiten nach dem Grenzertrag bezahlt, die Einheiten aber, die mit einer höheren Produktivität ausgestattet sind, einen höheren Ertrag als den Grenzertrag erbringen, dessen übersteigender Teil dem Unternehmer zugute kommt[5].

Morgenstern läßt offenbar außer acht, daß die Änderung der Zurechnung auch die früher eingesetzten Faktoreinheiten erfaßt, aus den von uns dargelegten Gründen. Auf Grund der Zurechnung wird die Produktivität des vermehrten Faktors niedriger, die Produktivität der konstant gebliebenen Faktoren nunmehr höher veranschlagt. Eine entsprechende Veränderung ergibt sich für die Kosten der Produktionsfaktoren.

Um Mißverständnisse auszuschalten, sei in diesem Zusammenhang besonders darauf hingewiesen, daß die von Morgenstern (zu Unrecht) angenommenen Differenzierungen der Erträge nichts zu tun haben mit Differenzierungen auf Grund empirischer Zufälligkeiten, wie wir sie zu Beginn dieser Abhandlung dargelegt haben.

In diesem Sinne läßt auch die graphische Darstellung von Clark (vgl. S. 50) erkennen, daß bei einseitiger Vermehrung eines Faktors mit der sinkenden Produktivität der Grenzeinheit auch die *Produktivität* s ä m t l i c h e r Einheiten des vermehrten Faktors auf die Höhe der Grenzleistung absinkt. Clark bringt das dadurch zum Ausdruck, daß er die Linie, die die Höhe der Produktivität der Faktoreinheiten darstellt, jeweils in Höhe des Grenzertrages für sämtliche Einheiten des vermehrten Faktors verlaufen läßt. Es kann kein Zweifel darüber bestehen, daß die Darstellung von Clark so auszulegen ist, daß die zugerechnete Produktivität mit dem Sinken der Grenzproduktivität auch bei sämtlichen übrigen Faktoreinheiten absinkt. Ja noch mehr. Clark greift diese Frage unmittelbar auf und äußert sich hierzu in seiner Distribution of Wealth wie folgt: „Brief statements of the law of final productivity may raise the question, whether the earlier units of labor in the series do not produce more than does the last one; but that they produce as much as does this one cannot be doubted. AECD, then, is the smallest amount that can be traced to labor as the cause of its existence..." „Now, in Fig. 1, EBC is all that is left of the entire product that is not produced by labor[6]."

Es kann somit kein Zweifel bestehen, daß Clark das Produkt eines Faktors insgesamt aus der Multiplikation: Grenzertrag mal Anzahl der Faktoreinheiten (Rechteck) gewinnt und den jeweiligen Rest (EBC) den übrigen Produktionsfaktoren als von ihnen hervorgebracht zurechnet. Es ist verständlich, daß Nationalökonomen, die offensichtlich von der Voraussetzung ausgehen, daß Produktivität Ausdruck einer kausalen Beziehung ist, es nicht wahrhaben wollen, daß Clark die Grenzproduk-

---

[5] *Morgenstern*, Offene Probleme der Kosten- und Ertragstheorie, Zeitschrift f. Nationalökonomie, 1931 Bd. II, S. 501.
[6] *Clark*, a. a. O., S. 330.

tivität nicht nur als bestimmend für die Höhe der Einkommen, sondern auch als bestimmend für die Höhe der Produktivität aller eingesetzten Faktoreinheiten betrachtet. Vgl. in diesem Zusammenhang z. B. Zarnowitz[7]. Hier rächt sich die Unterlassung, den der Grenzproduktivitätstheorie zugrunde liegenden Begriff der Produktivität als das zu erkennen, was er in Wirklichkeit ist, nämlich, als eine besondere Art der wirtschaftlichen Abhängigkeit.

Mit der oben dargestellten Auffassung von Clark ist jedoch keineswegs gesagt, daß Clark mit seiner Ansicht auf dem richtigen Wege ist. Sofern Clark glaubt — und das ist offensichtlich der Fall — daß es sich hierbei um eine echte Produktivität handelt, ist er im Irrtum. Nur dann, wenn man den Begriff der Produktivität im Sinne der Grenzabhängigkeit als eine „beurteilte" Produktivität auffaßt, findet die Darstellung von Clark eine befriedigende Begründung. Von dieser begrifflichen Differenzierung ist Clark jedoch nicht ausgegangen.

Schließlich gilt es noch, einen Irrtum auszuräumen. Es wird mitunter die Auffassung vertreten, daß zwar nicht die vorhergehenden Einsätze, wohl aber der Grenzeinsatz den Teil am Produkt zugerechnet erhält, den er effektiv verursacht. Hierzu ist zu sagen, daß weder die Grenzeinheit noch irgendeine andere Einheit eines Produktionsfaktors auf Grund der Zurechnung über die Grenzproduktivität den Produktanteil wirklich zugerechnet erhält, den sie verursacht. Der durch einen Produktionsfaktorteil wirklich verursachte Anteil am Produkt ist auf dem Weg der Differenzmethode, wie schon gezeigt, überhaupt nicht zu ermitteln.

Mit der Feststellung, daß die Produktivität sämtlicher eingesetzter Einheiten eines Produktionsfaktors nach der Grenzproduktivität bemessen wird, wird auch die Frage beantwortet, ob die nacheinander zum Einsatz gelangenden Einheiten eines Produktionsfaktors, im Falle, daß sich zu den verschiedenen Zeitpunkten ihres Einsatzes *unterschiedliche* Produktivitäten ergeben, mit den verschieden hohen Produktivitätswerten zu *addieren* sind, oder aber, ob die Anzahl der eingesetzten Einheiten mit dem Wert der jeweiligen Grenzproduktivität zu *multiplizieren* ist, um den auf die Mitwirkung des untersuchten Produktionsfaktors entfallenden Anteil am Produkt zu ermitteln. Um hierbei keine Mißverständnisse aufkommen zu lassen, sei darauf hingewiesen, daß das Nacheinander der Faktoreinsätze so zu verstehen ist, daß die früher eingesetzten Faktoreinheiten im Produktionsprozeß weiter arbeiten und zu diesen weitere Einheiten des Produktionsfaktors hinzutreten, z. B.: die Zahl der Arbeiter wird in einer Volkswirtschaft nach und nach vergrößert.

---

[7] *Zarnowitz*, Die Theorie der Einkommensverteilung, Tübingen 1951, S. 69 f.

V. Kausalität oder Abhängigkeit?

Auf Grund unserer vorhergehenden Überlegung kann kein Zweifel darüber bestehen, daß *zur selben* Zeit immer nur *eine* Produktivitätshöhe gelten kann, nämlich die der Grenzproduktivität. Mit diesem Betrag sind demgemäß alle eingesetzten Faktoreinheiten zu *multiplizieren,* wenn man die Größe des von einem Produktionsfaktor in seiner Gesamtheit abhängigen Ertrages ermitteln möchte. Es geht deshalb nicht an, verschieden hohe Grenzerträge, die sich infolge unterschiedlicher Grenzproduktivität zeitlich nacheinander ergeben, zu *addieren,* wie es z. B. Carell tut. Carell läßt auf ein gegebenes Landstück sukzessive eine wachsende Zahl von Arbeitstagen aufwenden und mit jeder Veränderung der Anzahl der aufgewendeten Arbeitstage eine veränderte Grenzproduktivität in Erscheinung treten, die er zuerst ansteigen und dann von einem angenommenen Optimum an absinken läßt. Den jeweiligen Gesamtertrag des Faktors Arbeit stellt er dabei in der Weise fest, daß er die infolge verschieden hoher Grenzproduktivität unterschiedlichen Grenzerträge der einzelnen Arbeitstage addiert. „In unserem Beispiel ist die Summe der ersten fünf Grenzerträge gleich 20 Ztr. Roggen (2 + 2,5 + 4,5 + 6 + 5 = 20), also gleich dem Gesamtertrag von fünf Arbeitstagen; die Summe der ersten sieben Grenzerträge = 27,5 Ztr. Roggen, also gleich dem Gesamtertrag von 7 Arbeitstagen usw.[8]."

In derselben Richtung liegt ein ähnliches Problem. Eine Reihe von Nationalökonomen stellen der Kurve der Grenzproduktivität die Kurve der Durchschnittserträge sowie die Kurve des Gesamtertrages gegenüber. Dabei kommt der Höhepunkt (Optimum) der Kurve der Durchschnittserträge rechts vom Höhepunkt der Grenzproduktivitätskurve zu liegen. Zu diesen Nationalökonomen zählen u. a. Cassels[9], Carell[10] und Zarnowitz[11]. Da sich die Kurven dieser Autoren ziemlich gleichen, bringen wir anschließend die Kurvendarstellung von Cassels.

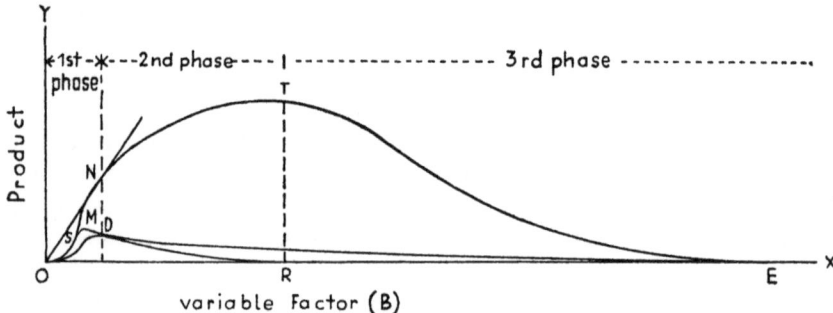

---

[8] *Carell,* Allgemeine Volkswirtschaftslehre, Heidelberg 1954, S. 42 ff.
[9] J. M. *Cassels,* On the Law of variable Proportions, in: Readings in the Theory of Income Distribution, London 1950, S. 109.
[10] *Carell,* a. a. O., S. 44.
[11] *Zarnowitz,* a. a. O., S. 83.

V. Kausalität oder Abhängigkeit?

Es sind in dieser graphischen Darstellung drei Kurven enthalten, von denen die Kurve S den Gesamtausstoß (total output), die Kurve M die Grenzproduktivität und die Kurve D die Durchschnittsertragskurve darstellen. Die Menge des Faktors A ist als konstant angenommen, während der Zuwachs des Faktors B auf der X-Achse aufgetragen wird und die Größe des Ertrages an der Y-Achse gemessen wird. Eine ähnliche Kurve der Grenzerträge und der Durchschnittserträge bringt bereits Straffa[12] im Jahre 1925.

In dieser graphischen Darstellung sind drei markante Punkte enthalten: der Punkt D, der Punkt T und der Punkt E. Der Punkt D stellt den Höhepunkt der Durchschnittsertragskurve dar. Dieser Punkt erreicht das günstigste Produktionsergebnis im Verhältnis zur aufgewendeten Menge des Faktors B. Der Punkt T stellt den Höhepunkt der Gesamtertragskurve dar. Genau unterhalb des Punktes T schneidet die Grenzproduktivitätskurve im Punkte R die Grundlinie, was einleuchtend ist, denn solange die Grenzproduktivität des variablen Faktors einen noch so geringen Produktzuwachs erbringt, hat die Gesamtertragskurve ihren Höhepunkt noch nicht erreicht. Rechts von diesem Punkt beginnt die Kurve des Gesamtproduktes beständig abzufallen, bis sie schließlich mit der Kurve des Durchschnittsertrages am Punkte E in der Nähe der Grundlinie zusammentrifft.

Entsprechend diesen Punkten teilt Cassels den Prozeß in drei Phasen ein. Die erste Phase umfaßt den Zeitabschnitt, in welchem die Durchschnittsertragskurve ansteigt, bis sie schließlich ihren Höhepunkt (D) erreicht hat. Die zweite Phase stellt den Teil des Prozesses dar, der zwischen dem Höhepunkt der Durchschnittsertragskurve und dem Höhepunkt der Gesamtproduktivitätskurve (T) liegt, bzw. den Punkt, in dem die Grenzproduktivitätskurve die Abszisse schneidet (R). Als dritte Phase erscheint der Abschnitt zwischen dem Höhepunkt der Gesamtertragskurve und dem Punkt, in dem die Gesamtertragskurve die Durchschnittsertragskurve trifft, d. h. dem Punkt E.

Diese Darstellung ist in dieser Form einwandfrei. Sie wird aber in dem Moment bedenklich, wenn in bezug auf die Durchschnittsertragskurve als auch in bezug auf die Gesamtertragskurve die Auffassung besteht, daß in diesen Kurven Beträge enthalten sind, die *allein* dem variablen Faktor B zugerechnet werden. Wir müssen berücksichtigen, daß im Falle dieser beiden Kurven auch der Teil in den ausgewiesenen Beträgen mit enthalten ist, der bei einer Abnahme der Grenzproduktivität des variablen Faktors dem beteiligten konstanten Faktoren zugerechnet

---

[12] *Sraffa*, Sulle relazioni fra costo e quantità prodotta, in: Annali di Economia, Bd. II, 1925, S. 285 ff. Vgl. in diesem Zusammenhang auch Morgenstern, Offene Probleme der Kosten- und Ertragstheorie, in Zeitschr. f. Nationalökonomie, 1931, Bd. II, Heft 4, S. 498 ff.

wird, wie wir das in der graphischen Darstellung von Clark gesehen haben.

Demgegenüber meint Carell offensichtlich nur den Ertrag des variablen Faktors — in seinem Beispiel des Faktors Arbeit —, wenn er von Produktionsertrag spricht. So sagt er in diesem Zusammenhang wörtlich:

„Von diesem Punkt an nimmt der Ertragszuwachs (Grenzertrag) des Arbeitstages ab, während der *Durchschnittsertrag* des Arbeitstages (den wir finden, indem wir den ‚Gesamtertrag' durch die ‚Zahl der aufgewendeten Arbeitstage' dividieren) noch steigt. Wenn der Durchschnittsertrag der Arbeit seine größtmögliche Höhe erreicht, ist das günstigste Wirkungsverhältnis (Optimalpunkt im eigentlichen Sinne) erreicht. Daher bezeichnen wir diesen Punkt auch als ‚Punkt des maximalen naturalen Durchschnittsertrages'... Ist der Punkt des maximalen naturalen Durchschnittsertrages erreicht, dann sinkt, weil jeder weitere Arbeitstag einen immer mehr abnehmenden Ertragszuwachs bringt, auch der Durchschnittsertrag der Arbeit[13]."

Die Berechnung der Durchschnittserträge sowie die Errechnung des Gesamtertrages läßt eindeutig erkennen, daß Carell hierbei die dem Faktor Arbeit zugerechneten Erträge meint. Diese Auffassung führt jedoch zu der erwähnten folgenschweren Verwechslung zwischen dem, was Gegenstand gemeinsamer Leistung ist, und dem, was allein der Mitwirkung des Faktors Arbeit zuzurechnen ist.

Diese Auffassung geht davon aus, daß zur *selben Zeit* für die Einsätze eines Faktors *verschieden hohe* Produktivitäten bestehen. Entsprechend wird nach dieser Ansicht die Durchschnittsproduktivitätskurve eines Faktors in der Weise gewonnen, daß die verschieden hohen Grenzerträge der einzelnen Faktoreinsätze *addiert* und durch die Anzahl der Faktoreinheiten geteilt werden, und zweitens die Kurve des Gesamtertrages, der einem Faktor zugerechnet wird, in der Weise, daß die Faktoreinsätze zu ihren *verschieden* hohen Grenzproduktivitäten im Moment ihres Einsatzes addiert werden.

Dem gegenüber steht unsere Auffassung, nach der die Durchschnittsertragskurve nicht mit der Durchschnittsproduktivitätskurve eines Produktionsfaktors identisch ist. Sofern eine Durchschnittsproduktivitätskurve gemeint ist, muß diese der Kurve der Grenzproduktivität entsprechen, da die Höhe der jeweiligen Grenzproduktivität maßgebend ist für die Produktivität sämtlicher eingesetzter Einheiten eines Produktionsfaktors. Ferner besagt unsere Auffassung, daß der Produktwert eines Produktionsfaktors in seiner Gesamtheit aus der Multiplikation des Grenzertrages mit der Anzahl der in der Volkswirtschaft eingesetzten

---

[13] *Carell*, a. a. O., S. 43 f.

Faktoreinheiten gebildet wird. Dabei gilt dieser Satz natürlich in jedem Falle der Grenzproduktivität, d. h. gleichgültig, ob sich der betreffende Produktionsfaktor auf Grund der Entwicklung der quantitativen Relation der Produktionsfaktoren in absteigender oder zunehmender Grenzproduktivität befindet. Im Falle, daß die Grenzproduktivität sinkt, wird der Unterschied, der sich aus der Differenz zwischen der früher höheren und nunmehr tieferen Grenzproduktivität ergibt, dem Anteil der übrigen Produktionsfaktoren zugerechnet, im Falle, daß die Grenzproduktivität steigt, wird die entsprechende Differenz dem Faktor, dessen Grenzproduktivität steigt, zugerechnet und den übrigen Faktoren abgerechnet.

Wenn wir auf die Problemstellung dieses Kapitels zurückgreifen, so können wir zusammenfassend vier verschiedene Auffassungen im Hinblick auf die gegebene Problematik feststellen:

1. Zunächst ist die Auffassung festzuhalten, die von der an sich richtigen Erkenntnis ausgeht, daß es nicht möglich ist, den Anteil festzustellen, den ein Produktionsfaktor effektiv am Gesamtprodukt verursacht. Aus dieser Erkenntnis wird die Schlußfolgerung gezogen, daß die Theorie von der Grenzproduktivität abwegig sei, und daß deshalb eine Zurechnung auf Grund der Grenzproduktivität nicht möglich sei.

2. Die zweite Auffassung geht davon aus, daß es sehr wohl möglich ist, den Anteil zu erfassen, den ein Faktor am Zustandekommen des Produktes verursacht, und daß die Grenzproduktivität der Ausdruck für die verursachte Produktivität sowohl des Grenzeinsatzes als auch sämtlicher übriger Faktoreinsätze ist. (Vgl. Rechteck in der graphischen Darstellung bei Clark.)

3. Die dritte Auffassung besagt, daß die Grenzproduktivität kausal bestimmend nur für den Grenzertrag ist, nicht aber für die Erträge der übrigen Faktoreinsätze, für die andere Produkitvitäten gelten. Deshalb erscheint auch in der graphischen Darstellung dieser Autoren der einem Faktor zugerechnete Gesamtertrag nicht in der Form des Rechteckes, sondern in der Form der nach oben gewölbten Kuve. (Vgl. Carell u. a.)

4. Unsere Auffassung geht davon aus, daß der Ausdruck „Produktivität" in der Bezeichnung „Grenzproduktivität" irreführend ist, da er dazu verleitet, einen Kausalzusammenhang zwischen dem Einsatz der Faktoreinheit und der Entstehung des der Faktoreinheit zugerechneten Produktteils zu vermuten. Tatsächlich handelt es sich nicht um eine „Produktivität", sondern um eine „Abhängigkcit". Es geht nicht um eine dem Produktionsprozeß immanente Erscheinung, sondern um eine nach außerhalb des Produktionsprozesses bestehenden Gesichtspunkten „zugemessene", beziehungsweise „zugerechnete" Produktivität. Diese zugerechnete Produktivität ist dabei maßgebend für die Be-

urteilung der Produktivität sämtlicher Einheiten eines Produktionsfaktors.

Wenn man diese Auffassung zugrunde legt, werden auch die Widersprüche ausgeräumt, die sich aus dem Satz ergeben, daß die Grenzproduktivität bestimmend ist für die Produktivität sämtlicher Einheiten eines Produktionsfaktors. So gelingt es, den Begriff der Zurechnung gemäß der Grenzproduktivität zu erhalten, ohne sich dabei in Widersprüche zu verstricken, in die man zwangsläufig geraten muß, wenn man von der Vorstellung einer kausalen Produktivität ausgeht.

VI. Die bestimmenden Faktoren für die Höhe der Grenzproduktivität

Bei der Untersuchung der Frage, von welchen Umständen die Höhe der Grenzproduktivität abhängig ist, können wir folgende Faktoren als bestimmend für die Höhe der Grenzproduktivität herausstellen:

1. Der Stand der Technik. Die Nationalökonomie hat im allgemeinen bei der Bestimmung der Grenzproduktivität den Stand der Technik als unverändert vorausgesetzt. Man hat sich dieser Abstraktion bedient, da Veränderungen in der Technik einen dynamischen Charakter haben, und da es notwendig erschien, diese Einflüsse zunächst auszuschalten, um ein klares Bild der Wirkung der übrigen Faktoren zu haben, die die Grenzproduktivität beeinflussen, ohne das Hineinspielen heterogener Elemente. Die Auswirkungen, die von einer Veränderung der Technik auf die Grenzproduktivitäten der verschiedenen Produktionsfaktoren im einzelnen ausgehen, werden wir im Kapitel X noch besonders behandeln.

2. Der Stand des organisatorischen Könnens. Es hat sich gezeigt, daß neben dem Stand der Technik organisatorische Maßnahmen für den Grad der Produktivität von ganz entscheidender Bedeutung sind. Gerade in den letzten Jahrzehnten ist auf diesem Gebiete sehr viel gearbeitet worden, und es sind beachtliche Erfolge erzielt worden. In diesem Zusammenhang sei insbesondere auf die Einführung des Fließbandes, das Taylorsystem, das Refasystem, die verschiedenen Methoden des Leistungsanreizes durch den Ausbau des Prämien- und Stücklohnsystems und andere Maßnahmen ähnlicher Art hingewiesen. Auch arbeitspsychologische Studien und die Verwertung psychologischer Erkenntnisse überhaupt liegen in dieser Richtung. Alle diese organisatorischen Maßnahmen haben zweifellos zu einer erheblichen Leistungssteigerung beigetragen und damit auch die Produktivität in entscheidendem Maße erhöht. Die Entwicklung dieser Dinge ist z. Z. noch in Fluß und in verschiedenen Ländern in verschieden starkem Maße vorangetrieben. Da sie auf die Produktivität innerhalb einer Volkswirtschaft erheblichen Einfluß nehmen, wäre es falsch, sie bei der Frage nach den Einwirkungen auf die Produktivität außer acht zu lassen. Unseres Erachtens sind sie in analoger Weise zu behandeln wie Fortschritte auf dem Gebiet der Technik.

VI. Die bestimmenden Faktoren für die Höhe der Grenzproduktivität

3. Das mengenmäßige Verhältnis der Produktionsfaktoren. Der der Mitwirkung eines Faktors zuzurechnende Produktionsertrag steht keineswegs in einer festen Relation zur aufgewendeten Leistung, in der Weise, daß auf eine bestimmte Produktionsfaktoreinheit ein entsprechender Produktanteil entfällt, sondern dieser Anteil am Produkt hängt in hohem Maße davon ab, in welchem *mengenmäßigen* Verhältnis die beteiligten Produktionsfaktoren zueinander stehen. Allgemein gilt der Grundsatz: Der Anteil am Produkt, der einer Produktionsfaktoreinheit zugerechnet wird, sinkt mit der Menge des Faktors und steigt mit der Menge der übrigen Faktoren. Diese Tendenz tritt von dem Punkt an in Erscheinung, der als das Optimum bezeichnet wird. Dabei gilt dieser Satz zunächst unmittelbar im physischen Sinne und mittelbar dann auch im wertmäßigen Sinne, indem in der Regel eine größere Stückzahl mehr Wert, eine kleinere Stückzahl weniger Wert bedeuten. Im einzelnen können wir bei einer Veränderung der Relation der Produktionsfaktoren folgende Fälle beobachten:

a) Ein Produktionsfaktor wird vergrößert, während die übrigen Produktionsfaktoren in ihrer Menge konstant bleiben. In diesem Falle hat der Ertrag, der auf den variierten Produktionsfaktor entfällt, die Tendenz, mit jeder weiteren Vergrößerung abzunehmen. Dies ist der typische Fall, an dem das Gesetz vom abnehmenden Ertrag üblicherweise demonstriert wird.

b) Wiederum unter der Annahme der Konstanz der übrigen Produktionsfaktoren geht der beweglich gehaltene Produktionsfaktor in seiner Menge zurück. In diesem Falle wird die Grenzproduktivität des variablen Faktors zunehmen. Es ist dieses die Umkehrung unseres ersten Falles.

c) Die Menge des beobachteten Produktionsfaktors bleibt konstant, während der Anteil der übrigen Produktionsfaktoren sich vergrößert. Dieser Fall bedeutet eine relative Abnahme des in Frage stehenden Produktionsfaktors gegenüber den übrigen vergrößerten Produktionsfaktoren und muß daher konsequenterweise zu einer Steigerung der Grenzproduktivität des unveränderten Produktionsfaktors führen.

d) Der beobachtete Produktionsfaktor bleibt konstant und die übrigen Produktionsfaktoren werden verringert. Dieser Fall hat dieselbe Wirkung, als ob der zur Diskussion stehende Produktionsfaktor vergrößert würde. Dementsprechend muß seine Grenzproduktivität abnehmen.

Es ist klar, daß es nicht erforderlich ist, daß jeweils ein oder zwei Produktionsfaktoren konstant bleiben und die übrigen variiert werden, damit die beobachteten Wirkungen eintreten, sondern es hat natürlich dieselbe Wirkung, wenn bei einer Veränderung sämtlicher Produktionsfaktoren ein Produktionsfaktor im Verhältnis zu den übrigen zunimmt bzw. abnimmt. Es wird also, wenn sämtliche Produktionsfaktoren vergrößert werden, jedoch einer in geringerem Maße als die anderen, die Grenzproduktivität dieses Produktionsfaktors zunehmen.

e) Unter den bisher angeführten Möglichkeiten fehlt noch als letzte die Möglichkeit, daß alle Produktionsfaktoren in gleicher Weise vermehrt oder vermindert werden, so daß das Verhältnis der Produktionsfaktoren untereinander sich bei dieser Veränderung nicht verschiebt. In diesem Falle wird die physische Grenzproduktivität unverändert bleiben, die wertmäßige wird sich jedoch ändern, da die Versorgung der Volkswirtschaft insgesamt sich entsprechend ändern wird und damit die Bewertung der Grenzproduktivität[1].

---

[1] Vgl. hierzu S. 83.

VII. Die Grenzproduktivität als Richtsatz für die Preise der Produktionsfaktoren

Die Grenzproduktivität eines Produktionsfaktors bestimmt den Ertrag, der auf die zuletzt aufgewendete Einheit eines Produktionsfaktors entfällt. Ist damit auch der Preis der Faktoreinheit bestimmt? Es scheint zunächst wichtig festzustellen, daß der Wert des Grenzertrages und der Preis der Faktoreinheit, von welcher der Grenzertrag abhängt, nicht identisch sind und auch preislich nicht übereinstimmen müssen. Der Preis für die Einheit eines Produktionsfaktors unterliegt der Preisbildung auf dem Markt und ist somit das Ergebnis der subjektiven Wertschätzung der als Käufer und Verkäufer auftretenden Parteien. Die Rolle, die dem Grenzertrag bei dieser Preisbildung zufällt, liegt zunächst darin, die *obere Grenze* für die Wertschätzungen des Käufers der Produktionsmittel zu bestimmen.

Wenn wir annehmen, daß dem Unternehmer die organisatorische Funktion zufällt, die Produktionsfaktoren zu kaufen, die Produktion durchzuführen und das Produkt auf dem Markt zu verkaufen, so wird für den Unternehmer der Wert des Grenzertrages, der sich auf Grund der Grenzproduktivität ergibt, der Betrag sein, den er äußerstenfalls für die Einheit eines gewünschten Produktionsfaktors bieten kann, ohne dabei einen Verlust zu erleiden.

Soviel über die obere Preisgrenze der Faktoreinheit, die durch die Grenzproduktivität bestimmt wird. Um den Spielraum zu ermitteln, in dem sich die Preisbildung bewegen kann, scheint es wichtig, auch die untere Preisgrenze festzustellen. Sie wird naturgemäß durch die Wertschätzung des Inhabers des Produktionsmittels bestimmt. Nur ergibt sich im Falle des Verkaufes der Produktionsmittel eine Besonderheit im Unterschied zu den sonstigen Tauschvorgängen auf dem Markt insofern, als die Produktionsfaktoren in der Regel nur dann sinnvoll verwendet werden können, wenn sie in einer Kombination mit anderen Produktionsfaktoren zum Zwecke der Produktion eingesetzt werden, während jeder für sich gar keinen oder einen für heutige Verhältnisse nur sehr geringen Nutzen erbringen kann. Betrachten wir unter diesem Gesichtspunkt die einzelnen Produktionsfaktoren.

Das Kapital ist nur dann produktiv, wenn es mit anderen Produktionsfaktoren kombiniert wird. Der Kapitalbesitzer wird deshalb bestrebt sein, sein Kapital so lange für den Produktionsprozeß zur Verfügung zu stellen, als sich ihm ein, wenn auch noch so kleiner, Zins bietet. Die Untergrenze seiner Wertschätzung der Kapitalleistung wird daher Null sein. Die Höhe des Zinssatzes wird somit in einem Spielraum zwischen Null und dem Wert der Grenzproduktivität bestimmt werden.

Bei der Arbeitsleistung ist die Alternative zum Verkauf der Arbeitsleistung an den Unternehmer das Einsetzen der Arbeit in unmittelbarer Weise außerhalb des kapitalistischen Produktionsprozesses. Dem Ertrag dieser Arbeit kann in der modernen Wirtschaft nur eine sehr geringe Bedeutung beigemessen werden, so daß praktisch für den Arbeiter eine noch so geringe Entlohnung in der Regel vorteilhafter sein wird als der Ertrag außerhalb des kapitalistischen Produktionsprozesses. Auf diesen Punkt hat besonders Böhm-Bawerk hingewiesen[1]. Allein, wir müssen uns hierbei darüber klar sein, daß der kapitallose Arbeitseinsatz in der Regel dem Arbeiter nicht einmal das Existenzminimum gewährleisten kann. Wenn wir daher fragen, welches die untere Grenze für die Einschätzung des Faktors Arbeit durch den Arbeiter sein kann, dürfen wir hierbei nicht von dem Ertrag des kapitallosen Arbeitseinsatzes ausgehen, sondern müssen annehmen, daß diese untere Grenze für den Arbeiter das Existenzminimum sein wird. Sinkt der Arbeitslohn unter diesen Betrag, so kann der Arbeiter schon aus rein physischen Gründen die Arbeitsleistung nicht erbringen. Wir können somit als Spielraum für die Festsetzung des Arbeitslohnes in einer freien Wirtschaft einen Bereich annehmen, der nach unten durch das Existenzminimum, nach oben durch die Grenzproduktivität begrenzt wird[2].

Eine besondere Situation ergibt sich beim Grund und Boden. Wenn wir zunächst von dem Fall ausgehen, daß freier, d. h. noch nicht in Besitz genommener Grund und Boden in reichlichem Maße vorhanden ist, so ist es klar, daß bei einem neu in Angriff genommenen Grund und Boden die wirtschaftliche Zurechnung den Ertrag allein der aufgewendeten Arbeit und dem aufgewendeten Kapital zuschreiben wird, während die wirtschaftliche Produktivität des Grund und Bodens gleich null gewertet wird. Da der zuletzt in Angriff genommene Grund und Boden zugleich derjenige Grund und Boden ist, der für die Grenzproduktivität maßgebend ist, ergibt sich hieraus, daß die Grenzproduktivität in diesem Falle gleich null ist. Der Besitzer des qualitativ besseren Grund und Bodens wird eine Differenzialrente beziehen, die im Unterschied zu den anderen Produktionsfaktoren eine Nivellierung durch die Konkurrenz nicht zuläßt, da die Differenzierungen auf Umständen beruhen, die in den natürlichen Bodenqualitäten gegeben sind. Auch das

---
[1] Böhm-Bawerk, Positive Theorie, 1. Bd. 4. Aufl., S. 448.
[2] Diese untere Grenze kann in der modernen Wirtschaft noch nach oben verschoben werden, wenn in einer Volkswirtschaft die Sozialleistungen wie Arbeitslosenunterstützung, öffentliche Fürsorge, Renten etc. höher liegen als das Existenzminimum.

Zusammenfassen der verschiedenen Bodenstücke gemäß ihrer Qualität zu Güteklassen, wie das Landauer vorschlägt[3], würde grundsätzlich die Tatsache der Differenzierung nicht beseitigen, denn man würde sich in diesem Falle statt einer Vielzahl von unterschiedlich qualifizierten Bodenstücken einer Anzahl von Güteklassen gegenübersehen, die qualitätsmäßig differieren. Da darüber kein Zweifel bestehen dürfte, daß der Grenzertrag in die ertragsmäßig niedrigste Bodenklasse fällt, bleiben die Ertragsdifferenzen der Böden höherer Qualität gegenüber dem Grenzboden auf jeden Fall bestehen. Der Grenzertrag selbst würde dabei, wie bereits erwähnt, gleich Null sein.

Wenn wir nun weiterhin annehmen, daß im Laufe der Zeit der gesamte noch freie Grund und Boden erfaßt wird und die Nachfrage nach landwirtschaftlichen Erzeugnissen weiterhin steigt, wird schließlich jeder Besitzer von Grund und Boden in den Genuß einer Rente kraft seiner Besitzerstellung gelangen, und auch der Grenzertrag würde sich über Null erheben, wenn keine andere Ausweichsmöglichkeit geboten wäre.

Dem Grenzertrag gegenüber steht der Differenzertrag, der in der Grundrente seinen einkommensmäßigen Ausdruck findet. Es ist dies der Ertrag, der sich infolge besserer Bodenqualität über den Grenzertrag erhebt, d. h. also, der der Differenz entspricht, die sich zwischen Grenzertrag und den höheren Ertrag infolge besseren Bodens schiebt. Dieser Differenzertrag ist derjenige Betrag, der bei der Zurechnung der Mitwirkung des Grund und Bodens am Gesamtprodukt zugerechnet wird. Damit liegt im Unterschied zu den übrigen Produktionsfaktoren beim Grund und Boden die untere Preisgrenze beim Grenzertrag (null) und die obere Grenze bei den infolge besserer Bodenqualität jeweils höheren Erträgen. Diese abweichende Situation bei der Zurechnung in bezug auf die obere Grenze beim Grund und Boden läßt sich daraus erklären, daß die Unterschiede beim Grund und Boden natürliche Differenzierungen darstellen, die durch die Konkurrenz nicht ausgeglichen werden können. Damit nimmt der Grund und Boden in bezug auf die Zurechnung unter den übrigen Produktionsfaktoren eine Sonderstellung ein, und die richtunggebende Funktion des Grenzertrages für die Höhe des Preises der Kostenfaktoren ist in diesem Falle nicht gegeben.

In der Literatur stößt man verschiedentlich auf die Auffassung, daß die Grenzproduktivität die Grundrente bestimme. Diese Darstellung ist nicht richtig, wenn man sie so auffaßt, daß die Höhe der Grundrente sich nach der Grenzproduktivität richte, d. h. ihr entspräche. Die Grenzproduktivität bestimmt nur indirekt die Höhe der Grundrente, indem sie die untere Grenze der Ertragsdifferenz bildet, die für die Bestimmung

---

[3] *Landauer*, a. a. O., S. 16.

VII. Grenzproduktivität als Richtsatz f. Preise d. Produktionsfaktoren

der Grundrente maßgebend ist. Eine Änderung des Grenzertrages muß daher immer Einfluß nehmen auf die Höhe dieser Spanne. Insofern ist die Grenzproduktivität indirekt bestimmend für die Höhe der Grundrente.

Zurückkommend auf unseren Ausgangspunkt können wir somit feststellen, daß der Grenzertrag, abgesehen vom Grund und Boden, jeweils die obere Grenze der Wertschätzung der Faktorleistung durch die Parteien auf dem Markt darstellt, während die untere Grenze beim Kapital bei null und beim Arbeitslohn beim Existenzminimum liegt. Treffen auf dem Markt nur zwei Tauschpartner zusammen, so wird es der Geschicklichkeit der beiden Partner und der Dringlichkeit der Situation jedes einzelnen von ihnen überlassen bleiben, in welcher Höhe innerhalb des gegebenen Spielraumes der Faktorpreis zustande kommt.

Wenn nun auf beiden Seiten mehrere Bewerber im gegenseitigen Konkurrenzkampf als Tauschbewerber auftreten, so wird die Tendenz dahin gehen, die Faktorpreise in der Höhe des Grenzertrages festzulegen. Solange der Faktorpreis unter dem Grenzertrag liegt, wird es für den Unternehmer einen Anreiz bedeuten, die Produktion auszudehnen und durch Überbieten die Produktionskräfte an sich zu ziehen, da ihm ein jeder weiterer Einsatz noch einen Gewinn verspricht. Dieses Bestreben führt bei den Unternehmern zu einem gegenseitigen Überbieten, bis schließlich der Preis der Einheit des Produktionsfaktors in Höhe des Grenzertrages zum Ausgleich kommt. Darüber hinaus kann der Unternehmer nicht gehen, da er sonst ins Minus käme. Wir können somit feststellen, daß in einer freien Verkehrswirtschaft bei beiderseitiger Konkurrenz der Faktorpreis zum Wert des Grenzertrages tendiert. Diese Regelung gilt wie gesagt nur für die beiden Produktionsfaktoren Arbeit und Kapital, nicht aber für den Grund und Boden, der den Preis für seine Mitwirkung in der Grundrente findet, die je nach der individuellen Qualität des Grund und Bodens jeweils verschieden hoch ist.

Von einigen Nationalökonomen wird eine Ansicht vertreten, daß weniger die Grenzproduktivität als vielmehr die relative Seltenheit der Produktionsfaktoren für ihre Preisbildung entscheidend sei, und daß letzten Endes die relative Seltenheit auch die Grenzproduktivität bestimme. So sagt z. B. Forstmann: „Die Grenzergiebigkeiten der Produktionsfaktoren unterliegen dem Knappheitsprinzip, d. h. je geringer die relativ verfügbare Menge eines Produktionsfaktors ist, um so größer ist seine Grenzergiebigkeit und umgekehrt. Daher ist auch die Frage von Bedeutung, ob ein Produktionsfaktor vermehrbar oder nicht vermehrbar ist, insofern, als die Vermehrbarkeit eines Produktionsfaktors eine Senkung seiner Grenzergiebigkeit ermöglicht[4]." In ähn-

---
[4] *Forstmann*, Neue Wirtschaftslehren, Berlin 1954, S. 90.

licher Weise argumentiert Preiser: „Im Grenzprodukt wie im Preis spiegelt sich daher die relative Seltenheit des Produktionsfaktors A gegenüber dem Produktionsfaktor B. Es ist unmittelbar einleuchtend, daß der Preis eines Produktionsfaktors steigt, wenn seine Menge sich verringert... Im Preisverhältnis kommt also die relative Seltenheit der Produktionsfaktoren zum Ausdruck, und das Gesetz der Einkommensverteilung läßt sich nun dahin formulieren, daß, wenn die Grenzproduktivitätskurve gegeben ist, die Produktionsfaktoren im Verhältnis ihrer relativen Seltenheit entlohnt werden. Im Gegensatz zu der Behauptung, die Produktionsfaktoren würden nach ihrem Grenzprodukt entlohnt, ist diese Formulierung unanfechtbar[5]."

Es bleibt für uns die Frage zu prüfen, welchen Wert die Aussage hat, daß die Preise der Produktionsfaktoren nach der relativen Seltenheit der Produktionsfaktoren bestimmt werden, und insbesondere, ob diese Formulierung gegenüber der These, daß die Preise der Produktionsfaktoren durch die Grenzproduktivität bestimmt werden, einen Fortschritt bedeutet. Der Satz, daß die Preise der Produktionsfaktoren sich nach ihrer relativen Seltenheit richten, sagt bei näherer Betrachtung weniger aus, als im ersten Moment vermutet wird. Zunächst ist die Seltenheit eine notwendige Eigenschaft eines jeden Gutes, so daß es eine ökonomische Selbstverständlichkeit ist, daß die Seltenheit überall dort eine Rolle spielt, wo von Gütern (Produktionsgütern) die Rede ist. Wir wissen, daß ein Gut nützlich und selten sein muß, damit es eine wirtschaftliche Bedeutung erlangt. Weiter ist der Begriff der „relativen Seltenheit" selbst sehr unbestimmt. Es drängt sich naturgemäß die Frage auf: Selten im Verhältnis wozu? Ein Gut kann nicht ohne weiteres im Verhältnis zu einem anderen Gut selten sein, es sei denn, man geht von einem bestimmten mengenmäßigen Verhältnis der Güter aus. Welches ist aber dieses mengenmäßige Verhältnis? Soll es die optimale Kombination sein? Wir hatten gezeigt, daß es eine solche optimale Kombination im absoluten Sinne nicht gibt. Im relativen, d. h. im kostenmäßigen Sinne gibt es sie zwar auf Grund der in einer Wirtschaft gerade bestehenden Preise. Aber die Faktoren, die diese Preise bestimmen, werden ja gesucht. Es bleibt deshalb nur die Möglichkeit, daß sich der Begriff der „relativen Seltenheit" in der Aussage erschöpft, daß bei Zugrundelegung eines gegebenen Mengenverhältnisses der Produktionsfaktoren eine Vermehrung eines Produktionsfaktors ein Absinken seines Preises, eine Verminderung des betreffenden Faktors ein Ansteigen seines Preises bewirke. Diese Aussage besagt aber wenig. Sie ist auf jeden Fall ein Rückschritt gegenüber der viel präziseren Aussage, daß die Preise für die Nutzungen der Produktionsfaktoren die Tendenz haben, sich nach ihrem Grenzprodukt zu richten.

---

[5] *Preiser*, a. a. O., S. 202.

VIII. Abweichungen der Faktorpreise vom Wert der Grenzproduktivität und die dadurch ausgelösten Auswirkungen auf die Preise der übrigen Produktionsfaktoren

In Abweichung zu der im vorigen Kapitel aufgezeigten Regel, nach der die Preise für die Produktionsfaktoren zum Grenzwert tendieren, können in der empirischen Wirtschaft Fälle auftreten, in denen die Faktorpreise vom Wert der Grenzproduktivität abweichen[1]. Durch monopolartige Bindungen oder kartellartige Zusammenschlüsse, wie z. B. Zusammenschlüsse der Arbeiter zu Gewerkschaften, oder durch Zusammenballung von Kapital zu den Markt beherrschenden Monopolen kann der Preis eines Produktionsfaktors über den Wert des Grenzertrages, der von diesem Produktionsfaktor abhängt, gesteigert werden. Die Erhöhung des Preises eines Produktionsfaktors über den Wert der Grenzproduktivität hinaus kann folgende Auswirkung haben:

1. Es wird eine Einschränkung des kostenmäßig erhöhten Produktionsfaktors in der Wirtschaft vorgenommen. Dabei kann die Einschränkung dieses Produktionsfaktors durch seinen Abbau innerhalb der einzelnen Unternehmungen oder durch die Ersetzung dieses Faktors durch andere Produktionsfaktoren erfolgen. Diese Einschränkung des überteuerten Produktionsfaktors führt zwangsläufig zu einer Erhöhung der Grenzproduktivität dieses Faktors, wobei die Einschränkung so lange andauert, bis die Übereinstimmung zwischen dem Wert des Grenzertrages und des Faktorpreises wieder hergestellt ist.

2. Monetäre Auswirkung. Die Kostenerhöhung kann zu einer entsprechenden Erhöhung der Preise der Endprodukte führen. Wenn es sich z. B. um eine Lohnerhöhung von 10 % handelt und wenn wir weiterhin annehmen, daß z. B. in einer gegebenen Volkswirtschaft der Anteil der Löhne 50 % vom Werte des Sozialproduktes ausmacht, so würde eine Weiterwälzung der Lohnerhöhung auf die Produktpreise im Durchschnitt genau eine Erhöhung dieser Preise um 5 % bedeuten.

Es handelt sich hierbei keineswegs um eine rein monetäre Erscheinung, wie oft irrtümlich behauptet wird, sondern um eine echte Einkommensverschiebung, denn die Lohnerhöhung beträgt 10 %, während

---

[1] Wir verlassen hier das Modell der statischen Wirtschaft, um den in der empirischen Wirtschaft sehr häufigen Fall der wirtschaftlichen Machtkonzentration im Hinblick auf seine Auswirkung auf die Grenzproduktivität zu untersuchen.

die Preiserhöhung nur 5 % ergibt. Da von der Preiserhöhung sämtliche Konsumenten betroffen werden, während die Lohnerhöhung allein den Arbeitern zugute kommt, ist es klar, daß die Arbeiterschaft an einer solchen Lohnerhöhung trotz steigender Preise profitiert, und zwar im Werte von 5 % ihres Einkommens.

Eine solche Lohnerhöhung muß zwangsläufig auch zu einer Konsumverschiebung führen, da die Arbeiterschaft nunmehr mit einem größeren Einkommen auf dem Markt auftritt und die übrigen Gruppen mit einem im Verhältnis zu den erhöhten Preisen verminderten Einkommen. Eine Akzentverlagerung im Konsum hat meistens eine Preisverschiebung zur Folge, indem einzelne Güter stärker gefragt werden als bisher und andere wiederum weniger stark.

3. Schließlich kann der Fall eintreten, daß ein Produktionsfaktor, dessen Preiserhöhung auf dem Markt erzwungen wird, nicht ohne weiteres eingeschränkt oder daß die durch diesen Produktionsfaktor ausgelöste Kostenerhöhung nicht im Preis der Güter weitergegeben werden kann. Eine Einschränkung der Mitwirkung des Produktionsfaktors ist meistens dann nicht möglich, wenn dieser Produktionsfaktor selbst langfristig in der Produktion gebunden oder mit anderen Produktionsfaktoren kombiniert ist, die in der Produktion langfristig gebunden sind, wie z. B. Fabrikanlagen, Maschinen, Schiffe etc. Diese Produktionsfaktoren wären dazu verurteilt, brachzuliegen oder nicht voll eingesetzt zu werden, wenn beispielsweise infolge einer Lohnerhöhung die sie betreibenden Arbeitskräfte entlassen oder in ihrer Arbeitszeit eingeschränkt werden sollen. Infolgedessen ist oft keine Möglichkeit gegeben, eine so weitgehende Einschränkung des überhöhten Produktionsfaktors vorzunehmen, daß durch die Einschränkung eine Anpassung der Grenzproduktivität an das überhöhte Kostenniveau herbeigeführt werden kann.

Ebenfalls ist eine Preiserhöhung oft nicht möglich, und sie ist besonders dann nicht möglich, wenn Absatzschwierigkeiten bestehen und durch eine Erhöhung der Preise ein Umsatzrückgang zu erwarten ist. Zwar werden durch die Erhöhung des Preises für einen Produktionsfaktor sich auch die Einkommen der Inhaber dieses Produktionsfaktors erhöhen, doch wissen wir, daß eine Erhöhung der Einkommen nicht unbedingt zu einer entsprechenden Erhöhung der wirksamen Nachfrage, sei es nach Konsumgütern, sei es nach Investitionsgütern, führen muß. Vielmehr ist die Entscheidung der Einkommensempfänger darüber, wie sie ihr Einkommen unter die drei Verwendungsmöglichkeiten: Verbrauchen, Investieren und Horten aufteilen, die große Unbekannte. Damit ist immerhin die Möglichkeit gegeben, daß die wirksame Nachfrage hinter der Größe des Volkseinkommens zurückbleibt.

VIII. Abweichungen der Faktorpreise vom Wert der Grenzproduktivität

In einer solchen Situation wird es für die Produzenten nicht möglich sein, die Preise zu erhöhen, ohne Gefahr zu laufen, einen Umsatzrückgang zu erfahren. Als Ausweg erscheint hierbei die Möglichkeit, durch entsprechenden Druck auf die Preise der übrigen Produktionsfaktoren einen Ausgleich zu schaffen. Das bedeutet, daß die Erhöhung der Kosten*summe*, die zwangsläufig durch die Erhöhung der Kosten eines Produktionsfaktors eintreten würde, dadurch vermieden wird, daß die Kosten eines *anderen* Produktionsfaktors entsprechend gesenkt werden. So könnte z. B. im Falle einer Lohnerhöhung, die durch gewerkschaftliche Maßnahmen erzwungen worden ist und den Arbeitslohn über die Grenzproduktivität der Arbeit hinaus erhöht, nunmehr der Ausgleich dadurch geschaffen werden, daß der Kapitalzins entsprechend gesenkt wird, so daß im Gesamtrahmen der Volkswirtschaft die Lohnerhöhung bei gleichbleibenden Güterpreisen durch eine entsprechende Minderung des Zinseinkommens kompensiert wird.

Wenn wir der Einfachheit halber annehmen, daß nur zwei Produktionsfaktoren am Produkt beteiligt sind, und wir sonstige Ausgabeposten wie Steuern, sonstige Abgaben etc. außer Betracht lassen, wird der Unternehmer, der ein bestimmtes Produkt herstellen will, für die Kapitalnutzung nicht mehr zu zahlen bereit sein als äußerstenfalls die Differenz zwischen Produktpreis und Arbeitskosten, denn für die Bewertung der Kapitalleistung bleibt dem Unternehmer nur dieser Differenzertrag als Rest offen. Wenn wir nun weiter annehmen, daß sich dieser Differenzertrag dadurch verringert, daß durch gewerkschaftliche Maßnahmen der Arbeitslohn erhöht und tariflich gebunden wird, so wird sich der Anteil am Produktwert, der für die Mitwirkung des Kapitals in Anrechnung gebracht wird, entsprechend verringern und in der verbleibenden Differenzgröße untergebracht werden müssen. Der Kapitalbesitzer wird nun vor die Wahl gestellt werden, sich entweder mit einer niedrigeren Kapitalverzinsung zu begnügen oder auf das Geschäft ganz zu verzichten. In diese Situation gestellt, wird der Kapitalbesitzer sich für die erste Möglichkeit entscheiden, da er es vorziehen wird, eine Zinssenkung in Kauf zu nehmen, statt das Kapital unbeschäftigt liegen zu lassen und eventuell sogar durch den Verfall der getätigten Kapitalinvestitionen infolge Außerbetriebsetzung Verluste auf sich zu nehmen. Natürlich kann auch der umgekehrte Fall eintreten, nämlich, daß durch eine Monopolstellung des Kapitals der Zins über die Grenzproduktivität steigt und der Arbeitslohn unter seine Grenzproduktivität gedrückt wird. Auch hier ist für das Zurückgehen des Lohnes ein Spielraum gegeben, dessen untere Grenze, wie wir bereits früher gesehen haben, das Existenzminimum darstellt. Die Frage, ob eine Lohnerhöhung zu Lasten des Kapitalertrages möglich ist, muß unter diesen Voraussetzungen für kurzfristige Perioden bejaht werden.

VIII. Abweichungen der Faktorpreise vom Wert der Grenzproduktivität

Da der Anteil von Kapital und Arbeit in den einzelnen Unternehmungen innerhalb einer Volkswirtschaft verschieden ist, werden sich bei dieser Gelegenheit preisliche Verschiebungen ergeben, denn eine Erhöhung der Löhne und eine Senkung des Kapitalzinses wird die Unternehmungen, je nachdem ob sie kapital- oder arbeitsintensiv sind, verschieden treffen. Die Tendenz wird dahin gehen, daß die kapitalintensiven Unternehmungen eine relative Kostenverringerung und die arbeitsintensiven Unternehmungen eine relative Kostenverteuerung erfahren werden.

Es wird in diesem Zusammenhang ein Preisausgleich stattfinden, indem die Preise für die Artikel der kapital-intensiven Produktionsstätten gesenkt und für die Artikel der arbeits-intensiven Produktionsstätten erhöht werden. Im ganzen jedoch werden sich die Preiserhöhungen und Preissenkungen ausgleichen, sofern im Rahmen der Volkswirtschaft eine Lohnerhöhung durch eine Zinssenkung kostenmäßig kompensiert wird.

Eine Senkung des Kapitalzinses unter seinen Grenzertrag wird für den Unternehmer eine Rationalisierung in der Form von arbeitsersetzenden Kapitalinvestitionen besonders günstig erscheinen lassen, denn in diesem Falle wird der zusätzliche Ertrag über dem Zinssatz liegen. Auf das Bestreben der Unternehmer, im Falle einer Lohnerhöhung stärkere Rationalisierungen durchzuführen, hat bereits der Schweizer Nationalökonom Max Weber hingewiesen. „Möglich ist aber auch, daß die Arbeiter ... durch Erhöhung ihres Anteils den Unternehmer veranlassen, durch Rationalisierung eine Kompensation zu erreichen[2]." Max Weber sieht dabei das Bestreben der Unternehmer darin, die Lohnerhöhung durch eine Rationalisierung zu kompensieren, also die Ersetzung von menschlicher Arbeitskraft durch arbeitssparende Maschinen und organisatorische Einrichtungen. Darüber hinaus scheint uns jedoch noch ein besonderer Ansporn zur Rationalisierung insofern gegeben, als eine Differenz zwischen dem marktmäßigen Zins und dem Produktivitätsertrag des kostenmäßig unter seine Grenzproduktivität hinabgedrückten Faktors Kapital gegeben ist, insofern als der Grenzertrag selbst höher ist als der Zins. Eine Ausdehnung des Kapitaleinsatzes findet jedoch, auf weite Sicht gesehen, seine Grenze in der Begrenztheit des vorhandenen Kapitals.

Eine Rationalisierung im Sinne einer Ersetzung von Arbeitskraft durch Kapital kann deshalb im wesentlichen nur durch eine Kapitalneubildung erfolgen.

---

[2] Max *Weber*, Volkswirtschaftliche Probleme der Produktivität und der Lohnpolitik. Vortrag, gehalten auf der Jahresversammlung der schweizerischen Gesellschaft für Statistik und Volkswirtschaft am 28. Mai 1954 in Basel. Erschienen in Schweizerische Zeitschrift für Volkswirtschaft und Statistik, 90. Jg., S. 278.

VIII. Abweichungen der Faktorpreise vom Wert der Grenzproduktivität

Bei Kampf um den Anteil am Sozialprodukt liegt in der Erhöhung des Preises eines Produktionsfaktors über den Wert, der sich auf Grund seiner Grenzproduktivität ergibt, und in dem gleichzeitigen Herabdrücken des Preises eines anderen Produktionsfaktors unter den Wert seiner Grenzproduktivität ein wichtiges Mittel, um auf machtmäßigem Wege eine entsprechende Verschiebung der Einkommensverteilung herbeizuführen. In der empirischen Wirtschaftsentwicklung läßt sich diese Tendenz mitunter deutlich beobachten, und es ist keineswegs so, wie oft behauptet wird, daß eine jede Preiserhöhung eines Produktionsfaktors letzten Endes wieder ausgeglichen wird, indem sie auf den Inhaber dieses Produktionsfaktors zurückfällt, sondern es ist durchaus möglich, auf diesem Wege eine *effektive Einkommensverschiebung* herbeizuführen.

IX. Die Grenzproduktivität und die Preisbildung auf dem Markt

Der Wert der Grenzleistung eines Produktionsfaktors wird bestimmt durch den Nutzen, den die letzte Einheit dieses Faktors in der Wirtschaft erbringt. Der Wert des Nutzens selbst, der dem Grenzeinsatz beigemessen wird, wird abgeleitet von dem Wert des Gutes, das von dem Grenzeinsatz abhängig ist. Der Wert der Güter wird durch den Markt bestimmt.

Der Markt bestimmt also letzten Endes den Wert der Grenzleistung. Die Grenzleistung selbst wird wiederum erzielt, indem der Einsatz der Produktionsfaktoren im Hinblick auf die bestehende Wertskala erfolgt. Unter den unzähligen Verwendungsmöglichkeiten, die für einen Produktionsfaktor offenstehen, erfolgt der Einsatz der vorhandenen Produktionsfaktoren in der Weise, daß diejenigen Möglichkeiten, die den größten Nutzen versprechen, zuerst ausgeschöpft werden und die übrigen erst später in der Reihenfolge der Utilität. Die Grenzproduktivität ist derjenige Punkt, der auf der Skala der abnehmenden Nutzerträge durch den letzten Einsatz des Produktionsfaktors bestimmt wird.

Allgemein läßt sich sagen, daß die Preisbildung bestimmt wird auf der einen Seite durch die nach ihrer Intensität gegliederte effektive Nachfrage, auf der anderen Seite durch den für eine bestimmte Zeitperiode zur Deckung der Nachfrage in der Volkswirtschaft zur Verfügung gelangenden Gütervorrat.

Die Intensität der effektiven Nachfrage wird bestimmt durch die Bedürfnisskala der einzelnen Konsumenten sowie durch die Höhe ihrer Einkommen. Die Höhe der Einkommen ist deshalb in diesem Zusammenhang von Wichtigkeit, da von ihr für jeden Konsumenten die Wertschätzung der einzelnen Geldeinheit abhängt, die zur Deckung des Konsums ausgegeben wird. Wer über ein hohes Geldeinkommen verfügt, wird die Geldeinheit relativ gering schätzen, und er wird eher bereit sein, für ein Gut einen hohen Preis zu zahlen, als der Bezieher eines geringen Einkommens. In der volkswirtschaftlichen Gesamtnachfrage findet deshalb auch der Einfluß der Einkommensverteilung seinen Niederschlag[1]. Unter Berücksichtigung dieser Faktoren erfolgt die

---

[1] Vgl. in diesem Zusammenhang auch Runge, Die Bedeutung der Einkommensschichtung für den Wert des Volkseinkommens, Stuttgart 1952.

Gliederung der volkswirtschaftlichen Nachfrage nach ihrer Dringlichkeit.

Der so gegliederten Nachfrage steht auf der Angebotseite ein Gütervorrat gegenüber, der bei der Annahme einer statischen Wirtschaft in den einzelnen Zeitperioden in gleichem Umfange von der Produktion ausgestoßen und dem Markt zur Verfügung gestellt wird. Dieser Gütervorrat ist in der modernen Wirtschaft im wesentlichen das Ergebnis der volkswirtschaftlichen Produktion. Entsprechend läßt er sich analytisch auf die Produktionsfaktoren zurückführen. Wir können deshalb auch sagen, daß in der Volkswirtschaft ein *gegebener Vorrat an Produktionsmitteln* zur Verfügung steht, der zur Deckung der Nachfrage eingesetzt wird.

Unter der Annahme unveränderter Technik und unter der Voraussetzung, daß keine Verschiebung des mengenmäßigen Verhältnisses der Produktionsfaktoren untereinander eintritt, bestimmt die Größe des Vorrates an Produktionsmitteln insgesamt, in welchem Umfange eine gegebene Nachfrage befriedigt wird und bis zu welcher Nachfrageschicht bei der Befriedigung herabgestiegen wird. Die Verwendung der letzten Einheit eines Produktionsfaktors führt zu einem Produktzuwachs in der Gestalt des Grenzertrages, dem auf der Nachfrageseite eine Nachfrageeinheit gegenübersteht, die durch diesen Produktzuwachs befriedigt wird. Die Wertschätzung, die der Konsument der Befriedigung dieses letzten Nachfrageteiles entgegenbringt, entscheidet über den Wert des Grenzertrages.

Bei einem unveränderten Stand der wirtschaftlichen Grenzproduktivität[2] wird der Produktwert je Aufwandeinheit unverändert bleiben. Ein unveränderter Stand der wirtschaftlichen Grenzproduktivität ist dann gewährleistet, wenn der Stand der Technik, das mengenmäßige Verhältnis der Produktionsfaktoren untereinander und der Gesamtvorrat an Produktionsmitteln im Verhältnis zur Nachfrage unverändert bleiben. Ändert sich einer dieser Punkte, so muß sich auch die wirtschaftliche Grenzproduktivität ändern.

Ist nun die Grenzproduktivität maßgebend für die Bestimmung der Faktorpreise und bestimmen wiederum die Faktorpreise ihrerseits den Preis des gemeinschaftlichen Produktes, so muß eine Änderung der Grenzproduktivität auch eine Änderung der Güterpreise bedingen. Insofern nimmt die Grenzproduktivität Einfluß auf die Preisgestaltung. So wird eine technische Erfindung, die es ermöglicht, mit demselben Aufwand an Arbeit und Kapital eine größere Anzahl eines bestimmten Gutes herzustellen, eine Preissenkung dieses Gutes hervorrufen, die der

---

[2] Die wirtschaftliche Produktivität schließt auch die Wertung des Produktes durch den Markt mit ein.

Aufwandsersparnis entspricht. Diese Preissenkung wird durch die Konkurrenz der Produzenten untereinander erfolgen, die sich so lange preislich unterbieten werden, bis keine Gewinnspanne auf Grund der technischen Verbesserungen mehr vorhanden ist. Gleiches gilt auch für organisatorische Verbesserungen.

Eine Veränderung der mengenmäßigen Relation der Produktionsfaktoren wird eine Preissenkung der Güter, an deren Erzeugung der Produktionsfaktor maßgebend beteiligt ist, dessen Grenzproduktivität sinkt, herbeiführen. Fällt z. B. die Grenzproduktivität des Faktors Arbeit, so werden alle Waren billiger werden, deren Herstellung arbeitsintensiv ist, und es werden insbesondere alle Dienstleistungen im Preis sinken, die ganz oder größtenteils von Personen ausgeführt werden, wie Leistungen von Friseuren, Hausangestellten, Hotelpersonal etc.

Demgegenüber werden im Falle eines Sinkens der Grenzproduktivität des Kapitals die Güter billiger werden, die in kapital-intensiven Betrieben hergestellt werden[3].

Während für die Bestimmung der physischen Grenzproduktivität, wie wir gesehen haben, maßgebend sind: der Stand des technischen und organisatorischen Könnens und das mengenmäßige Verhältnis der Produktionsfaktoren untereinander, müssen wir bei der *wertmäßigen* Grenzproduktivität auch die Relation zwischen *Nachfragegröße und Produktionsmittelvorrat* mit berücksichtigen, da von ihr die wertmäßige Beurteilung des Grenzertrages abhängt. Eine jede *Veränderung der Nachfrage,* sei es in ihrer Größe, sei es in ihrer Intensität, bedingt eine *Veränderung des Preises* der Gütereinheit, die im Grenzertrag enthalten ist, und damit eine Veränderung der Wertschätzung des Grenzertrages.

Auf der anderen Seite wird bei gleichbleibender Nachfrage eine Veränderung der Menge der eingesetzten Produktionsfaktoren *insgesamt,* z. B. eine gleichmäßige Verringerung der Menge der Produktionsfaktoren etwa durch eine Verkürzung der in der Volkswirtschaft üblichen Arbeitszeit[4], den Wert des Grenzproduktes steigern, da die Versorgung insgesamt schlechter geworden ist und damit die Befriedigung der Nachfrage auf einer höheren Stufe der Dringlichkeit abgebrochen werden muß.

---

[3] Analoge Erscheinungen lassen sich bei der Beobachtung arbeits-intensiver und kapital-intensiver Volkswirtschaften feststellen.

[4] Eine Verkürzung der Arbeitszeit in der Volkswirtschaft hat zwangsläufig auch eine entsprechende Verminderung des Einsatzes der übrigen Produktionsfaktoren zur Folge, da diese in der Regel bei ihrer Tätigkeit mit dem Faktor Arbeit gekoppelt sind.

X. Der Einfluß von Änderungen im Stand der Technik auf die Grenzproduktivität[1]

Der Stand der Technik wird im wesentlichen bestimmt durch die Entwicklung der wissenschaftlichen und technischen Kenntnisse. Dabei sind Erfindungen die dynamischen Erscheinungen, die den Fortschritt der Technik in erster Linie bedingen. Die dynamischen Impulse, die von den Erfindungen ausgehen, können auf den Stand der Grenzproduktivität in verschiedener Weise Einfluß nehmen:

1. Neutrale Erfindungen

Eine Erfindung kann das mengenmäßige Verhältnis der beteiligten Produktionsfaktoren verändern, indem sie den Anteil eines Produktionsfaktors im Verhältnis zu den übrigen erhöht oder vermindert, sie kann aber auch neutral sein, d. h. indem sie die bestehende mengenmäßige Relation der Produktionsfaktoren unverändert läßt. Eine in diesem Sinne neutrale Erfindung verändert auch nicht die Relation der physischen Grenzproduktivität der einzelnen Produktionsfaktoren. Die Produktivität wird an der Stelle, an der die Erfindung in der Wirtschaft erfolgt, gehoben und ermöglicht je Aufwandseinheit eine größere Leistung. Bei gleichbleibender Nachfrage wird diese Tatsache zu einer Verbesserung der Versorgung führen, indem entweder mit dem bisherigen Aufwand mehr Güter hergestellt werden oder die in diesem Produktionsvorgang frei werdenden Kräfte in andere, noch nicht ausgenutzte Produktionsverwendungen gelenkt werden und dort zusätzlich Güter erzeugen. In jedem Falle wird in der gesamten Volkswirtschaft eine Verbesserung der Güterversorgung erfolgen und damit eine bessere Deckung der Nachfrage. Rein wertmäßig gesehen muß daher eine jede Erfindung bei unveränderter Nachfrage ceteris paribus zu einer Preissenkung führen, da sich das Güterangebot im Verhältnis zur Nachfrage erhöht.

2. Erfindungen, die die mengenmäßige Relation der zusammenwirkenden Produktionsfaktoren verändern

Eine Erfindung kann die Auswirkung haben, daß sie die mengenmäßige Relation der Produktionsfaktoren verändert. Wir können dabei

---

[1] Vgl. hierzu Alfred E. *Ott*, Technischer Fortschritt, Artikel im Handwörterbuch der Sozialwissenschaften, Bd. X, S. 302 ff., Stuttgart 1959.

entsprechend der Art der Produktionsfaktoren zwischen kapitalsparenden, arbeitsparenden und bodennutzungsparenden Erfindungen unterscheiden.

a) Kapitalsparende Erfindungen. Eine kapitalsparende Erfindung bedeutet, daß wegen nunmehr höherer technischer Wirksamkeit der Einsatz an Kapital vermindert werden kann, ohne daß sich der von diesem Einsatz abhängige Produktionserfolg vermindert. Bei gleichbleibendem Anteil der übrigen Produktionsfaktoren wird je Einheit Kapital ein größerer Produktionserfolg erzielt als bisher. Beispiele für kapitalsparende Erfindungen sind: die drahtlose Telegrafie, die Einführung des Benzinmotors gegenüber der Dampfmaschine, die Ersetzung von Gleichstrommotoren durch Drehstrommotoren u. a. m.

Durch die kapitalsparende Erfindung wird Kapital freigesetzt. Das freigesetzte Kapital sucht eine neue Beschäftigung und tritt an einer anderen Stelle in Wirksamkeit und verändert dort das Verhältnis vom Kapital zu den anderen Produktionsfaktoren im Sinne einer Erhöhung des Kapitalanteils. Das bedeutet eine Verlängerung der Reihe der Kapitaleinsätze in der Volkswirtschaft und hat damit in Bezug auf die Grenzproduktivität dieselbe Wirkung wie eine Kapitalvermehrung. Die Grenzproduktivität des Kapitals wird daher entsprechend sinken und der Zins wird auf ein neu festzustellendes Niveau hinabsinken.

Wir müssen in diesem Zusammenhang sehr wohl unterscheiden zwischen dem einzelnen Fall, in dem die Erfindung wirksam wird, und seiner Auswirkung auf die volkswirtschaftliche Grenzproduktivität. Im Einzelfall hat die Erfindung die Wirkung einer Steigerung der Produktivität desjenigen Faktors, der durch die Erfindung gespart wird. In bezug auf die volkswirtschaftliche Grenzproduktivität bedeutet jedoch die faktorsparende Erfindung ein Absinken der Grenzproduktivität des betreffenden Produktionsfaktors aus den obengenannten Gründen.

b) Arbeitsparende Erfindungen. Sie sind der häufigste Fall von faktorsparenden Erfindungen. Der Übergang vom Spinnrad zur Spinnmaschine, vom Handwebstuhl zum mechanischen Webstuhl, von der Galeere zum Dampfschiff sowie sämtliche Umstellungen in der Wirtschaft von der Handarbeit zur Maschinenarbeit fallen unter den Begriff „arbeitsparende Erfindungen". Genaugenommen bedeutet die Mechanisierung nichts anderes als die Ersetzung menschlicher Arbeitskraft durch Maschinenkraft.

Zur Mechanisierung ist in letzter Zeit die Automation getreten, die in hochgradiger Weise die Ausschaltung menschlicher Arbeitskraft

X. Einfluß von Änderungen im Stand der Technik auf Grenzproduktivität

im Produktionsprozeß verwirklicht. Man kann die Automation als eine Weiterentwicklung der Mechanisierung auffassen. Vom Thermostat bis zur elektronischen Rechenmaschine umfaßt die Automation eine Reihe von Arbeitsgängen, die früher durch Personen und nunmehr durch automatische Einrichtungen und Geräte verrichtet werden. Erfolgt bei der Mechanisierung die Steuerung der Maschinen und Geräte noch durch menschliche Arbeitskräfte, so erfolgt bei der Automation die Steuerung automatisch, d. h. selbsttätig. Über die Abgrenzung der Automation gegenüber der Mechanisierung besteht in der Literatur zwar keine völlige Einigkeit, doch dürfte die herrschende Meinung dahin gehen, daß Automation dort vorliegt, wo zur Mechanisierung des Produktionsablaufs die automatische Steuerung und automatische Kontrolle tritt. Dabei ist die automatische Kontrolle als ein geschlossenes Kontrollsystem aufzufassen, das selbsttätig Fehler erkennt und ausschaltet. Das Kontrollsystem arbeitet dabei nicht unabhängig von der Arbeitsleistung der Maschine oder des Systems, das kontrolliert wird, sondern ist ein Teil der Funktion des Leistungsablaufs des kontrollierten Systems[2].

Ein einfaches Beispiel bietet ein Thermostat. Die gewünschte Temperatur wird auf dem Thermostat eingestellt. Fällt die Temperatur unter den festgelegten Punkt, so wird das Heizgerät automatisch durch den Thermostaten eingeschaltet, steigt die Temperatur über den festgelegten Punkt, so schaltet der Thermostat automatisch die Heizung ab.

Wird durch die Mechanisierung vornehmlich die physische Kraft des Menschen ersetzt, so geht die Automation in starkem Maße dazu über, auch geistige Tätigkeiten dem Menschen abzunehmen. Dabei handelt es sich nicht nur um geistige Tätigkeiten primitiver Art, sondern die Automation dringt auch in den Bereich der komplizierten geistigen Tätigkeit ein, wie die elektronischen Rechenmaschinen zeigen, die in der Lage sind, sogar komplizierte Formeln zu errechnen und dadurch die Tätigkeit von Mathematikern zu ersetzen[3].

Der Anwendungsbereich der Automation wird naturgemäß nur auf bestimmte Produktionsprozesse beschränkt bleiben. Die Automation wird im wesentlichen dort möglich sein, wo infolge größerer Serien sich häufig wiederholende Arbeitsgänge ergeben und wo auch eine gewisse Kontinuität im Arbeitsprogramm gegeben ist, denn da die An-

---

[2] Vgl. auch J. *Diebold*, Die automatische Fabrik, Frankfurt a. M. 1955, 2. Aufl. d. dt. Übersetzung, S. 20 ff.
[3] Im Voksmund werden die komplizierten Rechenmaschinen, wie sie z. B. von der IBM-Gesellschaft hergestellt werden, auch Elektronengehirne genannt, womit die Kompliziertheit der Tätigkeit, die diese Maschinen leisten, zum Ausdruck gebracht werden soll.

lagen sehr teuer sind und größerer Investition bedürfen, wird eine Investition nur dann wirtschaftlich zu vertreten sein, wenn der automatisierte Produktionsvorgang von einiger Dauer ist. Die Automation hat bereits in verschiedenen Industriezweigen Eingang gefunden, wie z. B. in der chemischen Industrie, in der Automobilindustrie, in der Glühlampenerzeugung, in der Zigarettenindustrie und einer Reihe anderer Industrien. Durch die Kostspieligkeit des Verfahrens, das in der Regel große Kapitalinvestitionen verlangt, ist der Automatisierung eine Grenze gesetzt. Es wird daher die Automation nur schrittweise in der Produktion Fuß fassen können in Abhängigkeit von der Entwicklung der zur Verfügung stehenden Kapitalmenge.

Arbeitssparende Erfindungen sind in der Regel mit einem vermehrten Kapitaleinsatz verbunden (teurere Geräte, Maschinen etc.). Daher findet ihre Anwendung in der Wirtschaft eine natürliche Grenze in der vorhandenen Kapitaldecke.

Arbeitssparende Erfindungen kann man in jedem Produktionszweig beobachten. Ihre Wirkung ist eine Freisetzung der Arbeitskraft, die dazu führt, das Angebot an Arbeitskräften im Verhältnis zu den übrigen Produktionsfaktoren zu erhöhen. Die frei werdenden Arbeitskräfte suchen neue Kombinationsmöglichkeiten. Oft werden sie in bereits bestehende Produktionsprozesse eingegliedert, sei es, daß auf die vorhandene Kapitalausstattung mehr Arbeitskräfte eingesetzt werden, sei es, daß auf dem bestehenden Grund und Boden der Arbeitseinsatz erhöht wird. Die frei werdende Arbeitskraft, die neue Beschäftigungsmöglichkeiten sucht, wird gezwungen sein, in schlechtere Kombinationen hinabzusteigen, und damit wird die Grenzproduktivität der Arbeit absinken. Entsprechende Auswirkungen ergeben sich auf die Lohnhöhe, die nunmehr auf einem neuen, niedrigeren Niveau festgesetzt wird. Gleichzeitig werden der Kapitalzins und die Grundrente die Tendenz haben, zu steigen.

Der vielfach vertretenen Ansicht, daß neue Erfindungen auch neue Arbeitsmöglichkeiten schaffen, durch die eine Kompensation der Nachteile erfolge, die sich für den Arbeiter aus der Arbeitsfreisetzung ergeben, kann im Zusammenhang mit unserer Überlegung nicht zugestimmt werden. Eine echte Kompensation würde sich für den Arbeiter nur dann ergeben, wenn sich für die freiwerdenden Arbeiter neue Arbeitsmöglichkeiten erschlössen, bei denen sich das *Verhältnis der Produktionsfaktoren für den Arbeiter nicht verschlechterte*, daß heißt, bei denen der Anteil des Faktors Arbeit nicht größer wäre als bisher. Eine solche *Lösung wäre aber nur dann möglich, wenn sich die Anteile der übrigen Produktionsfaktoren in der Volkswirtschaft entsprechend vergrößern würden*. Das ist aber nicht ohne weiteres anzunehmen, und zu einer solchen Annahme besteht auch keine unmittelbare Veranlassung. Dieses scheint uns das *wesentliche Argument* gegen alle optimistischen Schlußfolgerungen in diesem Zusammenhang. Zwar dürfte die Tendenz zu neuer Kapitalbildung durch diese Entwicklung gefördert werden, aber die Tatsache, daß durch die Realisierung arbeitsparender Erfindungen ceteris paribus ein Absinken der Grenzproduktivität des Faktors Arbeit eintreten muß, bleibt auf jeden Fall bestehen.

c) Grund und Boden sparende Erfindungen. Man hat in der Nationalökonomie bei der Frage der faktorsparenden Erfindungen den Grund und Boden im allgemeinen nicht berücksichtigt, sondern die Möglichkeit der faktorsparenden Erfindungen nur auf die Faktoren Arbeit und Kapital beschränkt. Nach unserer Ansicht besteht jedoch keine Veranlassung, bei dieser Frage den Grund und Boden auszuschließen. Grund und Boden sparende Erfindungen haben in der landwirtschaftlichen Entwicklung eine beachtliche Rolle gespielt. Durch die Entwicklung der chemischen Forschung besonders in den letzten hundert Jahren ist es gelungen, die Bodenqualität durch chemische Zusätze erheblich zu verbessern. Große Verdienste um die Verbesserung der landwirtschaftlich genutzten Bodenqualität erwarb sich dabei vor allem von Liebig. Durch chemische Erfindungen war es möglich, auf einem gegebenen Stück Boden bei gleichem Aufwand an Arbeit und Gerät einen größeren Ertrag zu erzielen als vorher. In ihrer Wirkung kommen diese Erfindungen einer Vermehrung des Faktors Boden gleich. Diese Entwicklung blieb auch nicht ohne Einfluß auf die landwirtschaftliche Grundrente, die durch die Verwertung dieser chemischen Erfindungen immer wieder zurückgesteckt wurde.

3. Organisatorische Verbesserungen

Organisatorische Verbesserungen haben dieselbe Bedeutung für die Grenzproduktivität wie technische Verbesserungen. Wir beschränken uns deshalb in diesem Zusammenhang auf einen entsprechenden Hinweis. Zu bemerken wäre hierbei noch, daß der Anteil der organisatorischen Verbesserungen an der Hebung der Produktivität sehr beachtlich ist. Vielfach besteht die Neigung, ihn gegenüber der Bedeutung technischer Erfindungen zu unterschätzen. Oft ist jedoch die Grenze zwischen technischen und organisatorischen Verbesserungen nicht leicht zu ziehen. So sind zum Beispiel das Fließband oder das Hollerith-Verfahren Einrichtungen, die das organisatorische Verfahren grundlegend berühren, aber gleichzeitig auch mit der Bereitstellung entsprechender maschineller Anlagen verbunden sind.

4. Die Auswirkungen von technischen bzw. organisatorischen Verbesserungen auf den Preis der Güter

Eine jede technische Erfindung oder organisatorische Verbesserung, die in der Wirtschaft Anwendung findet, verbessert die Produktivität an der Stelle, an der die Erfindung gemacht worden ist. Es erhebt sich dabei die naheliegende Frage, wem diese Produktivitätssteigerung zugute kommt. Wir finden die Lösung am besten, wenn wir die Erscheinungen, die durch eine Erfindung ausgelöst werden, der Reihe nach ablaufen lassen.

Zunächst entsteht an einer Stelle im wirtschaftlichen Produktionsprozeß eine Steigerung der Produktivität, die sich in einer Verbesserung des Verhältnisses vom Aufwand zur Leistung auswirkt. Es ist in diesem Zusammenhang gleichgültig, ob es sich um eine neutrale oder um eine faktorsparende Erfindung handelt. Auf jeden Fall entfällt auf die bisherige Summe der Aufwendungen ein höherer Ertrag, oder der bisherige Produktionserfolg wird mit einer geringeren Aufwandsmenge erzielt. Bei zunächst gleichbleibenden Preisen vergrößert sich die Spanne zwischen Kosten und Preis, und es tritt ein zusätzlicher Gewinn in Erscheinung. Die Konkurrenz beobachtet diesen Vorgang und versucht, soweit nicht Patente oder Fabrikationsgeheimnisse, die wir als sogenannte Reibungswiderstände zunächst ausschließen möchten, im Wege stehen, an dieser günstigen Situation auch zu profitieren. Sie wird deshalb das neue Verfahren übernehmen und gleichzeitig werden in diesen Produktionszweig infolge der günstigen Gewinnchancen neue Produktivkräfte gelenkt werden. Durch die gegenseitige Konkurrenz wird deshalb die auf Grund der Produktivitätssteigerung gebildete Gewinnspanne immer mehr zusammengedrückt, bis sie schließlich ganz verschwindet, mit anderen Worten, die Preise für die von der Erfindung betroffenen Güter werden so weit herabgedrückt, bis die Anpassung zwischen Preis und Kosten wieder hergestellt ist.

Das zeigt, daß die Produktionssteigerung auf die Dauer nicht dem Produktionsfaktor oder dem Unternehmer zugute kommt, sondern im Zuge einer Preissenkung dem Konsumenten. Die vielfach erfolgten und fortwährend erfolgenden Verbilligungen von Gütern im Zuge des technischen Fortschrittes legen davon Zeugnis ab. Wir brauchen nur dabei an die meisten technischen Artikel zu denken, die zuerst zu hohen Preisen auf dem Markt erschienen und oft sogar den Charakter von Luxusgütern trugen, und dann durch Rationalisierung erhebliche Preissenkungen erfuhren und schließlich den Charakter von Massengütern angenommen haben. Der Inhaber des Produktionsfaktors, sei es der Arbeiter, sei es der Kapitalbesitzer oder der Landeigentümer, der von der Erfindung unmittelbar betroffen worden ist, profitiert nur indirekt von der Erfindung als Konsument, indem sich sein Realeinkommen durch

X. Einfluß von Änderungen im Stand der Technik auf Grenzproduktivität

die Preisverbilligung verbessert. Es kann daher in diesem Zusammenhang nicht der oft vertretenen Auffassung, wie sie u. a. vom Schweizer Nationalökonomen Max Weber oder auch z. B. im Bericht des Internationalen Arbeitsamtes in Genf vertreten wird, beigepflichtet werden, nach der die Vorteile einer Steigerung der Produktivität, sei es durch technische, sei es durch organisatorische Verbesserung zwischen dem Unternehmer, den Arbeitern und den Konsumenten aufgeteilt werde. Bei Max Weber heißt es in diesem Zusammenhang: „Die Auseinandersetzung um die Verteilung des Rationalisierungserfolges spielt sich somit in der Hauptsache zwischen folgenden drei Gruppen ab: Unternehmer, Arbeiter und Konsumenten[4]."

Im Bericht des Internationalen Arbeitsamtes in Genf wird wie folgt Stellung genommen: „An increase in managerial efficiency, or an increase in technical efficiency resulting, for example, from a new invention, will result in greater productivity, lower costs per unit of output and, unless prices are reduced proportionately, higher profits or higher wages or both. In practice, the proportion of the national income received by the labour has probably not been greatly, affected by the increases in managerial and technical efficiency, because the benefits of such increases have generally been shared among profit-receivers, labour and consumers[5]."

Es ist zwar richtig, daß eine jede technische Verbesserung in der empirischen Wirtschaft zunächst einen Vorsprung bringt, an dem die beteiligten Gruppen profitieren. Dieser Vorsprung wird aber durch die Konkurrenz in Kürze ausgeglichen, so daß bei Erreichung des Gleichgewichtes kein Vorteil für den Unternehmer oder die beteiligte Arbeiterschaft infolge der technischen Verbesserung vorhanden ist. Die Auffassung, daß der Vorteil einer technischen Verbesserung zwischen dem Unternehmer, der Arbeiterschaft und dem Konsumenten aufgeteilt wird, kann deshalb nur für eine Übergangszeit gelten, nicht aber für die Dauer. Jede Meinung, nach der sich hieraus *ein dauernder* direkter Vorteil für die beteiligten Gruppen ergibt, ist deshalb irrig.

---

[4] Max *Weber*, a. a. O., S. 277.
[5] Wages, General Report, veröffentlicht vom International Labour Office, Geneve 1948, S. 59.

XI. Zunehmende Ertragserscheinungen

In der ökonomischen Literatur ist verschiedentlich behauptet worden, daß es nicht richtig sei, von einem Gesetz vom abnehmenden Ertrag zu reden, sondern daß vielmehr in der empirischen Wirtschaft ein Gesetz vom zunehmenden Ertrag festzustellen sei. Es dürfte nicht schwer sein, diese Ansicht, wenigstens soweit sie in dieser Form vorgebracht wird, zu widerlegen. Besagt doch das Gesetz vom abnehmenden Ertrag, daß bei einseitiger Vergrößerung eines Produktionsfaktors der Ertragszuwachs je Einheit des sich in der Vergrößerung befindlichen Faktors die Tendenz hat, abzunehmen. Es dürfte kaum glaubhaft erscheinen, daß im allgemeinen eine einseitige Vergrößerung eines Produktionsfaktors ein günstigeres Verhältnis von Aufwand zu Ertrag erbringen soll als eine proportionale, da sich die Kombinationschancen des vergrößerten Faktors infolge geringerer Möglichkeit der Mischung mit anderen Produktionsfaktoren offensichtlich verschlechtern. Trotzdem gibt es Fälle, in denen eine proportionale z. T. sogar überproportionale Ertragszunahme bei einseitiger Vermehrung eines Produktionsfaktors zu verzeichnen ist. Wir wollen deshalb anschließend diese Möglichkeiten prüfen und sehen, ob und wie sie sich mit dem Gesetz vom abnehmenden Ertrag in Einklang bringen lassen.

1. Bei Nochnichterreichung des Optimums

Das Gesetz vom abnehmenden Ertrag besagt, daß die abnehmende Ertragstendenz erst nach Erreichung des Optimums einsetzt. Bis zur Erreichung des Optimums jedoch ist der Ertrag ansteigend oder mindestens proportional. Sofern dieser Fall vorliegt, ergibt sich die ansteigende Ertragstendenz im Einklang mit dem Gesetz vom abnehmenden Ertrag. „Liegen jedoch die konkreten Voraussetzungen, sei es in der landwirtschaftlichen oder industriellen Produktion so, daß eines oder mehrere Produktionsmittel in geringerer Menge verfügbar sind, als der optimalen Kombination mit dem absolut oder relativ konstanten Produktionsfaktor entspräche, dann tritt mit sukzessiver Vermehrung dieser Produktionsmittel um gleiche Beträge stets steigende Vergrößerung der naturalen Ertragszuwächse ein, bis die optimale Kombination erreicht ist. Es gilt dann das ‚Gesetz des zunehmenden Ertrages'[1]."

---

[1] H. *Mayer*, Art. Produktion, Handwörterbuch der Staatswissenschaften. 4. Aufl. Bd. VI, S. 1119.

XI. Zunehmende Ertragserscheinungen 93

In diesem Zusammenhang sei daran erinnert, daß das Optimum für einen Produktionsfaktor jeweils hinausgeschoben wird, sofern sich die übrigen in der Kombination befindlichen Produktionsfaktoren relativ vergrößern. Die Wahrscheinlichkeit, daß z. B. der Produktionsfaktor Kapital keine abnehmende Ertragserscheinung aufweist, wird in kapitalarmen Ländern gegeben sein, während in kapitalgesättigten Ländern die Vermutung naheliegt, daß die Arbeitskraft noch nicht ihr Optimum erreicht hat.

2. Zunehmender Ertrag
bei bereitgestellter und nicht ausgenützter Faktorleistung

Man wird häufig die Beobachtung machen können, daß sich in einem Betrieb gerade bei zunehmendem Einsatz eines oder mehrerer Produktionsfaktoren das Verhältnis vom Aufwand zum Ertrag verbessert und daß sich viele Betriebe sogar erst dann rentieren, wenn ein gewisser Mindesteinsatz der Produktionsfaktoren gewährleistet ist. Die Kosten haben oft die Tendenz, mit zunehmendem Einsatz der Produktionsfaktoren und der daraus resultierenden höheren Stückzahl zu sinken, indem der Anteil der Gemeinkosten bei zunehmendem Produktionsumfang je produzierte Stückzahl infolge einer günstigeren Verteilung abnimmt, so daß bei zunehmendem Einsatz der Produktionsfaktoren ein geringerer Aufwand je Einheit benötigt wird. Das würde also bedeuten, daß sich die Produktivität bei zunehmendem Einsatz eines oder mehrerer Produktionsfaktoren verbessert. Diese Entwicklung läßt sich bis zu einem gewissen Optimum, das von der Struktur des Betriebes abhängig ist, und das wir auch als die optimale Betriebsauslastung bezeichnen können, steigern und fällt dann wiederum ab.

Wie läßt sich diese Erscheinung mit dem Gesetz vom abnehmenden Ertrag in Einklang bringen? Wir werden in allen diesen Fällen die Beobachtung machen können, daß einzelne Produktionsmittel nicht oder z. T. nicht ausgenützt sind, so daß diese Produktionsmittel zwar in vollem Maße Kosten verursachen, aber nicht den vollen Ertrag bringen. Erst bei zunehmender Produktion werden diese Faktoreinheiten nach und nach in den Produktionsprozeß einbezogen und tragen nun ihrerseits auch dazu bei, das Produktionsergebnis zu vergrößern. Nehmen wir z. B. an, daß eine Fabrik eingerichtet wird, die in der Lage ist, einen Ausstoß von 1000 Stück irgendeines Artikels am Tage hervorzubringen. Es werden aber zunächst, sei es aus Auftragsmangel, sei es aus Mangel an Betriebsmitteln, sei es aus Mangel an Facharbeitern oder anderen Gründen, nur 500 Stück am Tage produziert. Die Zahl der Arbeiter, die bei der vollen Ausnützung der Kapazität 200 betragen möge, beträgt jetzt nur 130. Die Folge davon ist, daß die Räume nicht voll ausgenützt sind, daß nur ein Teil der Maschinen in Arbeit genommen ist, daß aber die Kosten für Dampf, Gebäudeerhaltung, Versicherung usw. kaum wesentlich geringer sind, als sie es bei voller Auslastung der Kapazität sein würden. Aber nicht nur einzelne Teile des investierten Kapitals werden hierbei nicht genügend ausgenützt, sondern auch beim korrespondierenden Faktor Arbeit selbst zeigen sich dieselben Erscheinungen. Der Meister, der für eine Produktion von 1000 Stück und die Leistung von 200 Arbeitern geplant ist, die Kontrollstellen sowie alle mit allgemeinen Funktionen beauftragten Kräfte wie Pförtner, Handwerker, Chauffeure und nicht zuletzt die Verwaltung, sind nicht voll ausgelastet. Erst bei zunehmendem Produktionsumfang und beim vollen Einsatz aller zur Auslastung der Produktionskapazität erforderlichen Kräfte gelangen auch die bereitgestellten Produktionsfaktoren innerhalb des Produktionsprozesses voll zum Einsatz.

Es liegt auf der Hand, daß die bereitgestellten Produktionsfaktoren auch bei nur teilweise erfolgter Auslastung der Kapazität gewöhnlich kostenmäßig voll ins Gewicht fallen, aber solange sie im Produktionsprozeß nicht erscheinen, keinen Nutzen erbringen. Die Kosten der bereitgestellten Produktionsfaktoren werden aber den Kosten der arbeitenden Produktionsfaktoren zugerechnet und verteuern deshalb bei geringer Produktion die Gesamtkostenlage und wirken sich kostenverteuernd auf die produzierten Stücke aus. Bei zunehmender Auslastung des Betriebes treten die Kosten der bereitgestellten Produktionsfaktoren nicht zusätzlich in Erscheinung, da sie *bereits vorweggenommen* sind, und deshalb läßt sich bei einer Ausdehnung der Produktion eine Verbilligung der produzierten Stückzahl beobachten, die in der obenerwähnten Erscheinung ihre Begründung findet. In diesem Falle wird deshalb der zusätzliche Einsatz von Produktionsfaktoren die Relation zwischen Aufwand und Ertrag verbessern, und es wird den Anschein haben, als ob bei den zusätzlich investierten Faktoreinheiten eine zunehmende Ertragstendenz zu beobachten ist. Erst bei Erreichung der Kapazitätsgrenze läßt diese Tendenz nach und schlägt wieder ins Gegenteil um, da wieder neue Anlagen, neue Maschinen usw. erforderlich werden.

Wir können deshalb in diesem Zusammenhang unterscheiden zwischen *mitwirkenden* und *bereitgestellten* Faktoreinheiten. Diese Unterscheidung gilt nicht nur für den Vergleich verschiedener Produktionsfaktoren, sondern auch für die verschiedenen Einheiten eines Faktors untereinander. Es wird z. B. durch die Nichtauslastung von mit organisatorischen Aufgaben beauftragten Kräften wie Meistern, Kontrolleuren etc. die produktive Leistung der im Arbeitsprozeß befindlichen Arbeiter kostenmäßig mitbelastet.

Demgegenüber erstreckt sich das Gesetz vom abnehmenden Ertrag nur auf das Zusammenwirken *verschiedener* Produktionsfaktoren. Vor allem aber bezieht sich das Gesetz vom abnehmenden Ertrag auf die Mitwirkung im Produktionsprozeß der einzelnen Produktionsfaktoren und nicht auf das bloße Vorhandensein von einzelnen Teilen dieser Produktionsfaktoren, ohne daß sie im Produktionsprozeß mitwirken. Aus diesem Grunde läßt sich das Gesetz vom abnehmenden Ertrag auf die nur *bereitgestellten* und nicht arbeitenden Produktionsfaktoren nicht in adäquater Weise anwenden, da hier ein Tatbestand vorliegt, der der Problemstellung des Gesetzes vom abnehmenden Ertrag nicht zugrunde liegt.

3. Massenproduktion

In ganz anderer Weise als die im vorigen Abschnitt behandelte Erscheinung macht sich eine zunehmende Ertragserscheinung im Falle der Massenproduktion bemerkbar. Es ist eine oftmals beobachtete Tatsache, daß durch die Konzentration von Produktionsfaktoren in größeren Betrieben eine Kostensenkung und damit verbundene Verbilligung der produzierten Güter eintritt. Man kann ohne Übertreibung behaupten, daß die Produktion unserer Zeit wenigstens in den wichtigsten Industrieländern durch die Massenproduktion maßgeblich bestimmt wird und daß diese Art der Produktion in sehr erheblichem Maße dazu beigetragen hat, Güter preislich zu verbilligen und dem breiten Konsum zuzuführen. Was hat es mit der Massenproduktion im Hinblick auf unsere Problematik für eine Bewandtnis?

Zunächst erscheint die augenfällige Tatsache, daß auf vielen Gebieten der Produktion der erhöhte Einsatz von Produktionsmitteln innerhalb von Großbetrieben zu einer Verbesserung des Verhältnisses von Aufwand und Ertrag, also zu einer Verbesserung der Produktivität geführt hat. Der zunehmende Einsatz der Produktionsfaktoren hat also eine ertragssteigernde Wirkung ausgelöst, und zwar nicht nur eines Faktors, sondern gewöhnlich aller beteiligten Produktionsfaktoren. Für uns ergibt sich die Frage, ob diese ertragssteigernde Wirkung in der zunehmenden Anhäufung der Produktionsmittel liegt. Wenn das der Fall wäre, so läge in der Tat ein beachtlicher Widerspruch zum Gesetz vom abnehmenden Ertrag vor.

Unseres Erachtens ist das Phänomen der Ertragssteigerung in der Massenproduktion nicht in der Konzentration von Produktionsfaktoren im größeren Umfang begründet. Wäre das der Fall, so müßte die ertragssteigernde Wirkung *in allen Fällen* wirksam werden, in denen Großbetriebe entstehen. Tatsächlich bleibt sie aber nur auf bestimmte Fälle beschränkt, und dementsprechend tritt auch die Überlegenheit des Großbetriebes keineswegs in allen Zweigen der wirtschaftlichen Produktion in Erscheinung. Die Produktionssteigerung bei der Massenproduktion liegt nicht in der mengenmäßigen Häufung der Produktionsfaktoren, sondern vielmehr in der *Art der Organisation* begründet, die sich vielfach in größeren Betrieben besser durchführen läßt, als in kleinen. Hierbei ist vor allem zu nennen die Möglichkeit, die Arbeitsteilung und Arbeitszusammenfassung bei größeren Betrieben in stärkerem Maße vorzunehmen und durchzuführen als bei kleinen Betrieben. Wir dürfen nicht verkennen, daß die Arbeitsteilung und Arbeitszusammenfassung in weitgehendem Maße organisatorische Möglichkeiten bieten, Kosten in erheblichem Maße zu sparen. Wenn wir zunächst den Gegenpol zur Massenproduktion betrachten, nämlich den rein handwerklichen Betrieb, so sehen wir, daß eine Reihe von Arbeitsvorgängen, die die verschiedenen Arbeitsstufen im Produktionsprozeß verbinden, bei jedem einzelnen Stück wiederholt werden müssen. Hierunter fallen z. B. alle Transportakte, jede Bewegung von einem Arbeitsplatz zu einem anderen Arbeitsplatz, jede neue Bereitstellung der Werkzeuge, jeder neue Anlauf bei jedem neuen Arbeitsgang usw. Ein jedes Stück wird einzeln gearbeitet und nicht in der Serie zusammengefaßt. Die Einwirkung eines Arbeitsvorganges bleibt deshalb immer nur auf ein einzelnes Stück beschränkt, während bei der Massenproduktion ein Arbeitsvorgang gleichzeitig auf mehrere Stücke einwirken kann, wie z. B. das Schneiden eines Stoffes in mehreren Lagen auf einmal, oder das Stanzen von mehreren Platten durch einen einzigen Arbeitsvorgang usw. Die wiederholte Umstellung von einem Arbeitsvorgang auf den anderen fällt weg und damit auch die hierzu erforderliche Anlaufzeit, und nicht zuletzt ermöglicht die Konzentration der Beschäftigung auf nur einen Arbeitsausschnitt die Entwicklung einer viel stärkeren Arbeitsroutine als ein häufiger und vielseitiger Wechsel der Arbeitsvorgänge, ganz abgesehen davon, daß die fachlichen Anforderungen bei der Arbeitsteilung im Großbetrieb viel geringer sind als z. B. im handwerklichen Betrieb, in dem ein Arbeiter *alle* Arbeitsgänge beherrschen muß.

Neben der bereits erwähnten Möglichkeit der Einwirkung eines Arbeitsganges auf mehrere Stücke oder Teilstücke zugleich, die sich bei der Serienproduktion ergibt, darf in diesem Zusammenhang nicht übersehen werden, daß auch die technische Entwicklung sehr weitgehend die Massenproduktion berücksichtigt und entsprechende Maschinen konstruiert und hergestellt hat, die dem Zwecke dienen, in mechanischer Weise täglich Hunderte und Tausende von Einzelarbeitsvorgängen im Zuge der Serienfertigung zu verrichten. Es ist außer Zweifel, daß die Herstellung und Inbetriebnahme solcher Maschinen nur dann rentabel ist, wenn eine entsprechend große Stückzahl mit ihnen hergestellt wird.

XI. Zunehmende Ertragserscheinungen

Damit kommen wir zum Ergebnis dieser Betrachtung. Für bestimmte organisatorische und technische Methoden ist eine entsprechend *große* Stückzahl die Voraussetzung, damit diese Methoden sinnvoll angewandt werden können und sich rentieren. Wo dieses der Fall ist, bietet die Konzentration in Großbetrieben erhebliche Vorteile, die sich produktiv auswirken.

Es sind aber die besondersartigen technischen und organisatorischen Methoden, die die Produktivitätssteigerung erbringen, und nicht die Tatsache der mengenmäßigen Konzentration der Produktionsfaktoren an sich. *Würde man nur die Produktionsfaktoren konzentrieren, aber mit den alten Methoden handwerklicher Art* oder in der Art von Kleinbetrieben arbeiten, so würde in keiner Weise eine Produktivitätssteigerung zu verzeichnen sein. Das zeigt sich am deutlichsten in allen den Fällen, in denen infolge der Eigenart der Produktion eine organisatorische Verbesserung durch die Konzentration der Produktionsmittel nicht zu erzielen ist und in denen auch im Falle von Großbetrieben aus diesem Grunde produktivitätssteigernde Folgen nicht verzeichnet werden können. Der Produktivitätserfolg der Massenproduktion liegt somit in den *organisatorischen* und *technischen* Maßnahmen begründet und fällt damit in das Kapitel der technischen und organisatorischen Verbesserungen. Das Gesetz vom abnehmenden Ertrag wird infolgedessen durch diese Erscheinung nicht berührt, da dieses Gesetz nur unter der Voraussetzung des gleichbleibenden Standes der Technik und des organisatorischen Könnens gilt, während im Falle der Massenproduktion die produktivitätssteigernde Wirkung durch technische und organisatorische Änderungen ausgelöst wird.

XII. Die Relation zwischen Arbeitsleistung und Sozialprodukt als Gradmesser der volkswirtschaftlichen Produktivität

In Abweichung von dem im Zusammenhang mit der Theorie der Grenzproduktivität entwickelten Begriff der Produktivität wird im allgemeinen von der Statistik zur Messung der Produktivität in der Volkswirtschaft ein anderer Begriff der Produktivität verwendet. Dieser Begriff besteht in einer Verhältniszahl, die dadurch zustande kommt, daß die gesamte in einer Volkswirtschaft geleistete Arbeitsmenge zum volkswirtschaftlichen Produktionsertrag in Beziehung gesetzt wird. Man dividiert demnach den volkswirtschaftlichen Produktionsertrag durch die Anzahl der gewählten Einheiten des Faktors Arbeit. Der Anteil, der dann je Arbeiter oder je Arbeitsstunde in Erscheinung tritt, wird als Ausdruck für die Größe der volkswirtschaftlichen Produktivität schlechthin verwendet[1]. So operiert z. B. das Internationale Arbeitsamt in Genf in seiner Veröffentlichung „Wages" mit dem Begriff „man-hour" im Verhältnis zum Produkt als Ausdruck für den Begriff der volkswirtschaftlichen Produktivität[2].

Da hier ein anderer Produktivitätsbegriff in Erscheinung tritt als wir ihn bei der Grenzproduktivität kennengelernt hatten, wird es notwendig sein, um Verwechslungen und Mißverständnissen vorzubeugen, ihn zu unserem bisher behandelten Produktivitätsbegriff in Beziehung zu setzen und zu klären, wodurch er sich von dem Begriff der Produktivität, wie ihn die Theorie der Grenzproduktivität auf Grund der Zurechnung entwickelt hat, unterscheidet. Es wird dabei auch zweckmäßig sein, neben der Abgrenzung gegenüber dem Produktivitätsbegriff der Grenzproduktivität die Frage zu untersuchen, weshalb die Statistik einen anderen Begriff der Produktivität verwendet, als ihn die Theorie herausgebildet hat.

Der in der Statistik angewandte Begriff der Produktivität weicht in folgenden Punkten von dem bisher behandelten Produktivitätsbegriff ab: erstens wird hier nicht dem Umstand Rechnung getragen, daß der gesamte Ertrag in der Volkswirtschaft wie in der Einzelwirtschaft aus dem Zusammenwirken *mehrerer* Produktionsfaktoren erzielt

---

[1] Vgl. hierzu G. *Fürst*, Probleme der Produktivitätsmessung, im Bd. 13 der Veröffentlichungen der Dt. Volkswirtschaftl. Gesellschaft, Darmstadt 1956.
[2] Wages, General Report, veröffentlicht vom International Labour Office 1948, S. 70 ff. und S. 74.

XII. Die Relation zwischen Arbeitsleistung und Sozialprodukt

wird und daher nicht der Produktivität eines Faktors allein zuzuschreiben ist. Zweitens deckt er sich auch nicht mit dem Begriff der Produktivität der Arbeit, wie ihn die Grenzproduktivität entwickelt hat, da er im Ertrag auch diejenigen Anteile am Produkt einschließt, die der Mitwirkung der übrigen Produktionsfaktoren zuzurechnen wären. Er ist daher vom streng wissenschaftlichen Standpunkt aus gesehen nicht exakt, denn man kann das Produkt einer Gesamtheit von Aufwendungen nicht nur einem herausgegriffenen Produktionsfaktor allein zurechnen, es sei denn, man ist der Auffassung, daß die übrigen Produktionsfaktoren keine echten Produktionsfaktoren sind. Wenn auch Karl Marx und einige sozialistische Nationalökonomen eine solche Auffassung vertreten haben, so blieben sie doch gegenüber der herrschenden Theorie Außenseiter, und die von ihnen entwickelten Gesichtspunkte in bezug auf die Produktionsfaktoren sind bei der Wahl des statistischen Produktivitätsbegriffes nicht maßgebend gewesen.

Maßgebend für die Wahl dieses Produktivitätsbegriffes war vielmehr die Tatsache, daß sich der von der Grenzproduktivitätstheorie entwickelte Begriff der Produktivität nicht als geeignet erwiesen hat, die volkswirtschaftliche Produktivität zu messen, nachdem es nicht möglich ist, die drei Produktionsfaktoren in technischer Hinsicht auf einen einheitlichen Nenner zu bringen. Man kann nicht Arbeitsleistung, Kapitalleistung und Grund- und Bodenleistung im technischen Sinne addieren, um eine einheitliche technische Aufwandsgröße zu erhalten, die man der Produktmenge gegenüberstellen kann. Eine wertmäßige Gegenüberstellung der Faktorkosten und des Produktwertes im volkswirtschaftlichen Rahmen hat wenig Sinn, da in der Wirtschaft die Tendenz zur Angleichung zwischen Kosten und Preisen besteht und eine solche Gegenüberstellung daher letzten Endes nicht mehr besagen kann, als daß bei ausgeglichener Wirtschaft diese Kostensumme der Preissumme entspricht. Eine echte und unabhängige Vergleichsmöglichkeit ist auf diese Weise nicht gegeben. Anders ist es, wenn man eine feste und vom Produktwert unabhängige Größe als Ausgangspunkt wählt wie etwa die Arbeitsstunde und die jeweils erzielte Produktmenge oder den Produktwert zu dieser Größe in Beziehung setzt. Dann müssen Veränderungen im Produktionsergebnis im Verhältnis zur aufgewendeten Arbeitsmenge jeweils andere Relationen ergeben, und es wird möglich, für diese Veränderungen jeweils einen differenzierten Ausdruck zu erhalten.

Eine weitere Frage, die sich in diesem Zusammenhang ergibt, ist die, warum man gerade die menschliche Arbeitsleistung als Gradmesser für die volkswirtschaftliche Produktivität unter den drei Produktionsfaktoren gewählt hat. Die Gründe für diese Auffassung scheinen mir folgende zu sein:

XII. Die Relation zwischen Arbeitsleistung und Sozialprodukt

1. Der Mensch erscheint als die zentrale Figur in der Wirtschaft. Er ist sowohl der Initiator der Produktion als auch zugleich Konsument. Da der Faktor Arbeit mit dem Menschen identisch ist, rückt der Faktor Arbeit in die zentrale Sicht des wirtschaftlichen Geschehens. Die übrigen Produktionsfaktoren erscheinen dabei als zusätzliche und variable Komponenten, die dazu dienen, die Arbeitskraft in ihrer Leistung entsprechend auszustatten und zu unterstützen.

2. Wenn man annimmt, daß eine gegebene Bevölkerungszahl eine bestimmte Arbeitsmenge repräsentiert, wird ceteris paribus eine günstige Relation zwischen der Größe des Sozialproduktes und der Arbeitsmenge ein Ausdruck dafür sein, daß erstens eine hohe Produktionsleistung im Verhältnis zur Bevölkerungszahl erbracht wird und zweitens eine gute Versorgungslage der Bevölkerung gegeben ist.

XIII. Der Erkenntniswert der Theorie von der Grenzproduktivität

Wenn wir am Schlusse unserer Untersuchung die Frage nach dem Erkenntniswert der Theorie der Grenzproduktivität aufwerfen, so werden wir bei genauerer Überlegung feststellen müssen, daß in bezug auf den Erkenntniswert beträchtliche Einschränkungen vorzunehmen sind, die sich sowohl auf die theoretische Erkenntnis selbst als auch auf die praktische Anwendung der Theorie beziehen.

Zunächst verdient hierbei die Tatsache Beachtung, daß die Grenzproduktivität genau genommen keine Produktivität, sondern eine Grenzabhängigkeit ist. Der Grenzertrag wird nicht durch die Faktoreinheit erzeugt, der er zugerechnet wird. Die Grenzproduktivität zeigt sich als das Ergebnis einer besonderen Methode der Zurechnung, das mit eigentlicher Produktivität nicht identisch ist.

Wenn die Grenzproduktivität auch keine Produktivität im kausalen Sinne darstellt, so kann sie doch die Regeln aufzeigen, nach denen sich in der freien Verkehrswirtschaft die Verteilung des Produktes auf die einzelnen Produktionsfaktoren vollzieht. Hierüber besteht in der Theorie Übereinstimmung. Zweifellos liegt in dieser Funktion der Grenzproduktivität die bedeutsamste Erkenntnis, die diese Theorie zu vermitteln vermag.

Bezieht man das Resumé dieser kurzen Betrachtung auf die Auseinandersetzung im Sektor der Einkommensverteilung, so wird man feststellen müssen, daß die Theorie der Grenzproduktivität zwar die Regeln aufzeigen kann, nach denen sich die Verteilung vollzieht, nicht aber den ursächlichen Zusammenhang zwischen dem Einsatz der Faktoreinheit und der Entstehung des Produktteiles, der dieser Faktoreinheit zugerechnet wird. Damit scheidet als Begründung für die Art der Einkommensverteilung in der freien Verkehrswirtschaft jedenfalls die Ansicht aus, daß sich diese Verteilung *deshalb* so vollzieht, weil diese Art der Verteilung gemäß dem Anteil erfolgt, den jeder Faktor an der Entstehung des Gesamtproduktes *verursacht*.

In der einkommenspolitischen Auseinandersetzung erscheint deshalb der Begriff der Grenzproduktivität nur sehr bedingt verwendbar, und als Argument für die sozialpolitische Richtigkeit der in der freien Verkehrswirtschaft stattfindenden Verteilung ist die Theorie der Grenzproduktivität nicht zu verwenden, es sei denn, man sieht in der Tatsache des Automatismus selbst ein Argument, das die Richtigkeit dieser Verteilung rechtfertigt. Diese Auffassung dürfte heutzutage nicht zu vertreten sein.

Unabhängig von diesen theoretischen Überlegungen ergeben sich bei der Anwendung der Theorie der Grenzproduktivität in der praktischen Wirtschaft erhebliche Schwierigkeiten. Zunächst erweist es sich als sehr schwierig, den Wertzuwachs am Produkt, der durch den Grenzeinsatz hervorgerufen wird, statistisch zu erfassen. Es müßten hierzu die Grenzeinsätze in allen oder zum mindesten in einer Reihe repräsentativer Betriebe erfaßt und miteinander verglichen werden. Es liegt auf der Hand, daß eine solche Erhebung auch bei größten Anstrengungen kaum durchführbar ist. Schon innerhalb der Betriebe selbst wird eine wertmäßige Aussonderung des Ertrages nach dem Gesichtspunkt der Grenzproduktivität nicht vorgenommen. Ein Betrieb, der z. B. 1000 Arbeiter beschäftigt und 10 weitere Arbeiter einstellt, wird nicht den Produktzuwachs, der von diesen 10 Arbeitern abhängig ist, in seiner Kostenrechnung gesondert erfassen. Er wird wohl bestimmte kalkulatorische Überlegungen bei der Einstellung der zusätzlichen Arbeitskräfte anstellen, aber diese Überlegungen werden nie die Unterlage für eine volkswirtschaftliche Statistik abgeben können. Mit anderen Worten: man wird nie eine statistische Erhebung mit der Fragestellung durchführen können: Welchen Nutzen bringt der zuletzt eingestellte Arbeiter oder bringen die zuletzt eingesetzten 10 000,— DM dem Betrieb?

Geht man wiederum von der Überlegung aus, daß der Wert des Grenzertrages sich im Preis für die Faktoreinheit widerspiegeln müsse, also in der Höhe des Lohnes oder in der Höhe des Zinses, so kann man zwar über die Erfassung dieser Symptome unter gewissen Voraussetzungen zum Ziel gelangen, jedoch nur dann, wenn die Voraussetzungen für einen freien und uneingeschränkten Wettbewerb voll gewährleistet sind. Sind diese Voraussetzungen aber nicht gegeben — und das ist in der heutigen Zeit infolge des Hereinspielens heterogener Faktoren, die den freien Wettbewerb beeinträchtigen, wie staatliche Eingriffe, Monopole, Gewerkschaften etc. die Regel — so kann eine Orientierung nach den genannten Symptomen keinen Aufschluß über die Grenzproduktivität geben.

Man wird insbesondere keine Antwort auf die Frage erhalten können, ob die effektiv erfolgte Preisgestaltung der Löhne oder des Zinses von den Beträgen abweicht, die sich auf Grund der Grenzproduktivität ergeben würden, und wenn das der Fall ist, in welchem Umfang. Dieses wäre aber wohl die interessanteste Frage, die in bezug auf die Anwendung der Theorie der Grenzproduktivität zu stellen wäre. Daher ist es auch nicht möglich, in der einkommenspolitischen Ausein-

XIII. Der Erkenntniswert der Theorie von der Grenzproduktivität

andersetzung mit dem Argument der Grenzproduktivität zu operieren und den Nachweis zu erbringen, daß auf Grund der Grenzproduktivität sich der Preis für eine Faktoreinheit in der und der Höhe stellen würde, und daß er in Wirklichkeit infolge heterogener Einflüsse von diesen Beträgen um soundso viel abweicht? Anders ausgedrückt: Was hilft der Hinweis, daß sich die Einkommensverteilung nach der Grenzproduktivität vollzieht, wenn niemand genau sagen kann, wie hoch im konkreten Falle die Grenzproduktivität liegt?

Wenn es auch für die Richtigkeit einer Theorie nicht entscheidend ist, ob sich die Vorgänge, auf die die Theorie Bezug nimmt, in der Praxis erfassen lassen, so ist doch nicht zu verkennen, daß die Bedeutung einer Theorie für die wirtschaftspolitische Diskussion herabgemindert wird, wenn die Anwendung derselben auf die genannten statistischen Schwierigkeiten stößt. Bei der Beurteilung des Erkenntniswertes der Theorie der Grenzproduktivität muß man sich deshalb der erwähnten Grenzen bewußt sein, und insbesondere dessen, daß dem Anwendungsbereich der Grenzproduktivitätstheorie für die empirische Wirtschaft erhebliche Schranken gesetzt sind.

Literaturverzeichnis

Allen, R. G. D.: Mathematik für Volks- und Betriebswirte, Berlin 1956.
v. Böhm-Bawerk, E.: Positive Theorie des Kapitals, 1. Bd. u. 2. Bd. 4. Aufl., Jena 1921.
Carell, E.: Allgemeine Volkswirtschaftslehre, Heidelberg 1954.
Cassels, J. M.: On the Law of variable Proportions, in: Readings in the Theory of Income Distribution, London 1950.
Clark, J. B.: Distribution of Wealth, New York u. London 1924.
Diebold, J.: Die automatische Fabrik, 2. Aufl. d. dt. Übersetzung, Frankfurt a. M. 1955.
Forstmann, A.: Neue Wirtschaftslehren, Berlin 1953.
Fürst, G.: Probleme der Produktivitätsmessung, im Band 13 der Veröffentlichungen der Dt. Volkswirtschaftl. Gesellschaft, Darmstadt 1956.
Haberler, G.: Prosperität und Depression, Bern 1948.
Keynes, J. M.: The General Theory of Employment, Interest and Money, London 1951.
Landauer, C.: Theorie der Verteilung, in: Wirtschaftstheorie der Gegenwart, Wien 1928.
Liefmann, R.: Grundsätze der Volkswirtschaftslehre II. Bd., Stuttgart 1923.
Lindahl, Erik: Studies in the Theory of Money and Capital, London 1939.
Lundberg, Erik: Studies in the Theory of Economic Expansion, London 1937.
Machlup, F.: On the Meaning of the Marginal Product, erschienen in: Readings in the Theory of Income Distribution, London 1950.
Mayer, H.: Artikel „Produktion", Handwörterbuch der Staatswissenschaften, 4. Aufl., Bd. VI.
— Artikel „Zurechnung", Handwörterbuch der Staatswissenschaften, 4. Aufl., Bd. VIII, Jena 1928.
Morgenstern, O.: Offene Probleme der Kosten- und Ertragstheorie, Zeitschrift für Nationalökonomie, 1931, Bd. II.
Myrdal, Gunnar: Der Gleichgewichtsbegriff als Instrument der geldtheoretischen Analyse, in: Beiträge zur Geldtheorie, hrsg. von Hayek, 1933.
Ohlin, Bertil: Some Notes on the Stockholm Theory of Savings and Investment, in: Economic Journal, Bd. 47, 1937.
— Alternative Theories of the Rate of Interest, in: Economic Journal, Bd. 47, 1937.
Ott, Alfred: Technischer Fortschritt, Artikel im Hdwb. der Sozialwissenschaften, Bd. X, Stuttgart 1959.
Paulsen, E.: Neue Wirtschaftslehre, Berlin u. Frankfurt 1950.
Preiser, E.: Erkenntniswert und Grenzen der Grenzproduktivitätstheorie, in: Bildung und Verteilung des Volkseinkommens, Göttingen 1957.
— Distribution, Artikel im Hdwb. der Sozialwissenschaften, Bd. II, Stuttgart 1959.

Queensland Bureau of Industry, Economic News. April-June 1946.

Rolph: Earl: The Discounted Marginal Productivity Doctrine, in: Readings in the Theory of Income Distribution, London 1950.

Runge, H.: Die Bedeutung der Einkommensschichtung für den Wert des Volkseinkommens, Stuttgart 1952.

Samuelson, P.: Volkswirtschaftslehre, 2. Aufl., Köln 1958.

Sraffa: Sulle relazioni fra costo e quantità prodotta, in: Annali di Economica, Bd. II, 1925.

v. Thünen: Der isolierte Staat in Beziehung auf Landwirtschaft und Nationalökonomie, Teil I Rostock 1826, Teil II Rostock 1842 und 1863, Teil III Rostock 1863.

Wages, General Report, veröffentlicht vom International Labour Office, Geneve 1948.

Weber, Max: Volkswirtschaftliche Probleme der Produktivität und Lohnpolitik, Schweizerische Zeitschrift für Volkswirtschaft und Statistik, 90. Jg.

Wicksell, K.: Vorlesungen über Nationalökonomie, Bd. I, Jena 1913.

v. Wieser, F.: Die Oesterreichische Schule und die Werttheorie, in: Gesammelte Abhandlungen, Tübingen 1929.

Zarnowitz, V.: Die Theorie der Einkommensverteilung, Tübingen 1951.

v. Zwiedineck-Südenhorst: Allgemeine Volkswirtschaftslehre, Heidelberg 1948.

Printed by Libri Plureos GmbH
in Hamburg, Germany